# Avant propos

Au sein d'une littérature astrologique déjà abondante, le présent ouvrage, tout en étant un de plus dans le nombre, peut prétendre à un statut particulier dans la mesure où il se veut différent.

Il ne s'adresse pas à des spécialistes, ni même à des amateurs nantis d'un confortable bagage de connaissance en la matière. Certes, ils pourront toujours y trouver quelque information oubliée ou peut-être, pourquoi pas, inédite...Chacun prendra ce qui lui conviendra à son niveau; c'est là, chose toujours possible. Ce livre se veut avant tout, ouvrage de vulgarisation, afin de permettre à tout un chacun d'entrer en contact avec cette «science» si mal connue et si injustement méconnue autant que décriée parfois, voire même condamnée, qu'est l'astrologie, et de comprendre comment elle peut être pratiquée.

En effet, il ne s'agit pas ici d'exposer une méthode et encore moins de livrer des « recettes » (qui, d'ailleurs, n'existent pas en tant que telles!) Il s'agit tout simplement de révéler l'existence d'une autre approche possible de la connaissance de soi par le biais des astres. L'enjeu va être de susciter l'intérêt du lecteur, d'aiguiser son désir d'en savoir plus et donc d'aller plus loin dans sa recherche, jusqu'à trouver ce qui lui conviendra le mieux et lui permettra d'entrer véritablement en compréhension avec lui-même.

Pour cela, il faut avant tout prendre conscience que la véritable astrologie n'a rien à voir avec l'horoscope des magazines qui se place au plan prédictif et ne peut que donner les grandes lignes, souvent très vagues, d'un avenir collectif. Tout défaut de distinction au départ, rendrait incompréhensible le véritable contenu de cet ouvrage.

L'astrologie, telle que le lecteur va pouvoir la découvrir dans les pages suivantes ne va tendre qu'à mettre en lumière tous les potentiels de l'individu tels qu'ils apparaissent à travers son thème astral de naissance, et surtout pas à «prédire» un avenir dont les sinuosités peuvent être modifiées à chaque instant par le jeu du libre arbitre[1].

Ce serait lui faire courir le risque d'un enfermement alors qu'il s'agit de lui ouvrir les portes de son évolution en lui indiquant les clés les plus adaptées. En déterminant d'ores et déjà ce que sera demain ou après-demain, on ne respecterait plus le libre arbitre et ce serait gravissime.

Ce qui est possible simplement, c'est de dégager les grandes tendances en rapport avec la personnalité, les ressources, les aspirations de l'individu, en tenant compte aussi de tous les freins qui peuvent gêner ou retarder son accomplissement.

C'est pourquoi l'astrologie va être abordée sous trois angles différents, à trois niveaux complémentaires existant chez tout individu :
- Le plan physique, avec l'astrologie de la personne humaine dans le fonctionnement de son être physique (astrologie médicale)
- Le plan psychique, avec l'astrologie psychologique, qui va toucher le caractère, le tempérament, le comportement, les échanges relationnels etc....
- Le plan spirituel, avec l'astrologie humaniste qui placera la personne à une autre dimension (astrologie «transpersonnelle» de D. Rhudyar)

Une mise en garde s'impose avant d'entrer dans la découverte de cet ouvrage. Le lecteur ne doit pas s'attendre à se retrouver spontanément et entièrement dans les caractéristiques de son signe de naissance, contrairement à ce que beaucoup croient.

En effet, nul n'est astralement «pur», c'est-à-dire nul n'est défini par un seul signe, car, pour chacun de nous, il faut tenir compte de la position des différentes planètes et de leur influence possible ou certaine.au moment de la naissance. Et cela met souvent plusieurs signes en jeu : signe solaire, signe de l'ascendant, signes différents correspondant à la position et à la prédominance de telle ou telle planète etc...

C'est tout cet amalgame planétaire qui va signer la carte d'identité astrale de chaque individu et, par là, le rendre unique.

Cela explique pourquoi on ne peut se connaître astralement de façon certaine qu'à travers une interprétation sérieuse et personnelle de son propre thème.

---

1- *Libre arbitre* : faculté qu'a la volonté de choisir et de déterminer librement, en toute connaissance de cause.

C'est un travail de décryptage et de compréhension profonde qui va enclencher souvent le processus d'évolution personnelle.

La lecture du thème va révéler le potentiel de chaque personne, les lignes de forces, les atouts aussi bien que les oppositions et va permettre aussi de déceler les tensions ou les influences familiales (parentales surtout) susceptibles à un moment ou à un autre d'imprégner la structure psychique du consultant.

Cela est essentiel et il apparaît dès lors bien clairement que tout réside dans l'interprétation de la carte du ciel. Seules des études pointues d'astrologie et une bonne pratique permettent d'effectuer correctement cette interprétation. Jouer aux «apprentis astrologues» pourrait s'avérer particulièrement dangereux. Aucun ouvrage au monde ne pourra remplacer cette démarche. Il ne peut pas exister de livre d'interprétation convenant à tous et à chacun. Même le «meilleur», le plus complet, le plus «à la pointe» de la recherche, ne donnera jamais que des «pistes», des grandes lignes, des vues d'ensemble...

A chacun ensuite, s'il le souhaite, d'entreprendre sa propre démarche auprès d'un astrologue compétent.

La seule prétention de ce livre «différent» sera donc d'être un éveilleur d'intérêt, un révélateur capable de générer chez le lecteur une démarche nouvelle et sincère à la rencontre de lui-même pour une connaissance autre et plus complète de soi.

# Introduction

Depuis les balbutiements de l'humanité, le mystère de la vie a été au coeur des préoccupations des hommes et on ne compte plus les recherches et investigations en tous genres qui ont été conduites dans l'espoir d'une «connaissance» ou tout au moins de la découverte de quelques éléments de compréhension

Quiconque cherchera à en savoir plus sur lui-même, sur son potentiel d'évolution, sur ses richesses autant que sur ses «manques», afin de réaliser son destin au mieux et au plus juste de ce qu'il doit être, celui-là ira consulter un astrologue praticien.

L'astrologue praticien est avant tout un «éveilleur d'âme», celui qui fait prendre conscience de tout ce qui sommeille au plus intime de cette «anima»[1] qui nous fait être ce que nous sommes.

Il est aussi un psychothérapeute qui, à partir de la lecture du thème astral de la personne, l'amènera à se rencontrer en toute vérité et, par là-même, à éradiquer en toute connaissance de cause tout ce qui pourrait nuire à son évolution, à son épanouissement, à sa liberté intérieure, à son équilibre.

En effet, connaître son thème astral apprend à se connaître véritablement, à découvrir ses points forts et ses points faibles et, à partir de là, à en tirer le meilleur profit ou à prendre les précautions qui s'imposent. En même temps, on apprend à utiliser, de la manière la plus positive, ce que l'on a pour devenir pleinement ce que l'on est réellement, en minimisant les risques de se fourvoyer ou de travailler contre soi. La façon de vivre peut en être totalement changée et la courbe du destin s'infléchir favorablement.

---

1- *Anima* : Terme latin qui signifie le principe de vie, le souffle profond qui génère la vie, le mouvement, la pensée.

«Un homme averti en vaut deux» dit le vieil adage...et on devient alors apte à tout relativiser. C'est là que l'astrologie humaniste prend toute sa dimension. «Humaniste» est à entendre ici au sens de «relative à la personne».

Cette «astrologie de la personne» va prendre en compte essentiellement l'évolution intérieure de l'être. Elle va lui fournir les outils pour lui permettre de réviser régulièrement son état psychologique et spirituel.

Ces outils, que l'individu découvrira en lui, vont lui permettre de dépasser les limitations inhérentes à sa condition, pour adhérer progressivement à la conscience holistique[1] et se réaliser pleinement dans ce que Dane Rudhyar appelle le «transpersonnel».

Il sera alors véritablement «homme», c'est-à-dire ce qu'il doit «être». C'est ce que Saint-Exupéry exprimait en disant : «L'individu n'est qu'un chemin, seul compte l'Homme qui prend ce chemin»

Dès lors, l'astrologie va avoir pour mission de mettre chacun au diapason de son potentiel de naissance et de l'aider dans ses effets de réalisation au jour le jour pour qu'il se sente lui-même en cohésion avec son être et en même temps avec le tout dont il fait partie.

Il s'agit là d'une philosophie spirituelle qui propose un véritable apprentissage de la vie par le biais de la connaissance des astres. Chaque symbole astrologique sera interprété de façon à adapter le plus justement possible les potentialités du thème natal[2] aux réalités du moment. On va chercher à utiliser au mieux tout ce dont on dispose à l'intérieur de soi. Tout peut servir à une transformation personnelle à condition de vouloir et de savoir s'en servir.

Chaque individu fait partie de l'humanité (qui est une réalité spirituelle) et c'est en en ayant conscience et en œuvrant en son sein qu'il se transformera et parviendra à sa réalisation suprême.

C'est avec une interprétation astro-psychologique qu'on détermine les différentes formes de caractériologie, de tempéraments, de psychanalyse individuelle telle que l'ont pratiquée Freud[1] ou Adler[2], ou de psychologie collective des profondeurs telle que l'a enseignée Jung[3]. La psychologie, il ne faut pas l'oublier, permet le véritable apprentissage de soi. Et

1- *Holistique* : Qui concerne le tout, la globalité
2- *Thème natal :* Carte du ciel établie en fonction du moment précis (date+heure exacte) et du lieu de naissance.

l'apprentissage de soi qui génère la connaissance de soi et de ses émotions, n'est-il pas finalement l'apprentissage de la vie ?

A ce stade là, la psychologie ne flirte-t-elle pas avec la philosophie pour atteindre en finalité la connaissance de l'être absolu qui est la spiritualité ?

Et qu'est-ce-que la spiritualité sinon cette intégration de la notion de Dieu et du divin, qui Le reconnaît comme source première, unique de la vie et de l'être ? Il ne s'agit pas d'y inclure la moindre connotation religieuse de quelqu'ordre que ce soit. Il s'agit ici de la spiritualité à l'état pur, au sens premier du terme : ce qui est du domaine de «l'esprit» dans la transcendance qui rejoint la divinité. Par là, nous pouvons dire qu'elle fait partie de notre être puisque la vie que nous recevons n'est qu'une émanation de ce «divin» qui nous insuffle «l'anima».

Parallèlement et complémentairement à la fois, l'astrologie de la santé permet de déceler les points faibles d'un individu au plan physique ainsi que les prédispositions à certaines pathologies. Il est bien entendu, et on ne le répétera jamais assez, que la plus grande prudence est conseillée dans l'interprétation.

En aucun cas il ne peut être raisonnablement envisageable de faire de l'astrologie prédictive. Elle pourrait provoquer beaucoup de mal en ne laissant plus aucune place au discernement des faits, au libre arbitre et à l'évolution propre de l'individu.

Seules sont possibles des prévisions précises en termes de datations, mais jamais sous forme de «roman feuilleton».

Il faut toujours et avant tout laisser à l'individu la liberté d'être...

Un thème astral doit toujours être vécu sur le plan spirituel et aucun astrologue ne peut connaître le niveau de conscience du consultant sans entretien préalable.

L'astrologie n'est pas une fin en soi, c'est une clé qui permet d'ouvrir les portes de la connaissance de soi.

Comme l'écrit Ferdinand David[1] : «L'Astrologie renvoie le sujet à sa propre croissance, mais après lui avoir fourni la connaissance susceptible de le réconcilier avec lui-même et avec la vie, s'il accepte bien cette connaissance.»

---

1- *Freud Sigmund* : Médecin autrichien (1856-1939). Fondateur de la psychanalyse.
2- *Adler Alfred* : Médecin et psychologue autrichien (1870-1937)
3- *Jung-Carl* : Médecin et psychologue suisse (1875-1961). Tout en reconnaissant l'apport de Freud, fut le premier à émettre des théories psychanalitiques différentes.

CHAPITRE I

# Les origines de l'Astrologie

Dès la plus haute Antiquité, les hommes eurent la préoccupation d'observer le ciel et de chercher à comprendre ce qui se passait «Là-haut», ce que signifiaient les différents phénomènes qu'ils pouvaient capter : étoiles filantes, comètes, éclairs, foudre...

C'est en Mésopotamie que naquit l'astrologie avec un début de pratique de divination à partir des rêves, des visions, puis des présages suivis de leurs oracles. L'observation du ciel devint très vite un des supports majeurs de ces présages. On recherchait surtout tout ce qui pouvait paraître insolite, inhabituel ou inattendu dans le paysage céleste. Et le pas fut bientôt franchi d'établir un rapport étroit constant entre les mouvements observés dans le ciel et le déroulement de l'existence humaine. La compilation «Enuma Anu Enlil» fut la première à recenser un nombre impressionnant de présages (7000) relevés depuis le II millénaire. Elle comprenait soixante-dix tablettes gravées vers -900. On associait alors les planètes à des dieux, on en faisait même des dieux; c'est à ce titre qu'on leur accordait une influence sur la vie des hommes ainsi que sur les évènements. C'est dans le texte «Mul-Apin» (-1000) qu'apparaît une première liste de constellations, dix-huit au total, préfigurant ce qui sera plus tard notre zodiaque. L'astrologie mésopotamienne évolua ensuite peu à peu pour en arriver à la constitution d'un zodiaque sidéral (divisions en 12 signes de 30° de la partie du ciel devant laquelle se déplacent les planètes), et ensuite à l'application de ces études à l'homme.

On observait de très près la «coïncidence»[1] d'un mouvement ou phénomène céleste avec la naissance d'un enfant. C'est l'avènement de l'astrologie genethliaque ou «astrologie de la naissance» (en Grec, Genethle = naissance) qui s'appuie sur les données de cette naissance (date-lieu).

---

1- *Coïncidence :* Correspondance exacte de deux faits ou deux évènements survenant en même temps, au même moment.

Très vite cette science nouvelle, admirablement maîtrisée par les Chaldéens (Babyloniens du Sud) fit autorité.

Philon d'Alexandrie reconnaît dans son ouvrage «De migratione Abrahamo» : «Ce sont les Chaldéens qui ont élaboré l'astronomie et l'astrologie genethliaque plus parfaitement que les autres peuples; ils ont rattaché ainsi les évènements de la Terre à ceux des airs et les phénomènes célestes à ceux d' ici-bas».

N'a-t-on pas affirmé, par ailleurs, que, selon Aristote, la mort de Socrate avait pu être pressentie par un Chaldéen à la lecture de son thème natal?

En Egypte, les choses évoluèrent différemment dans la mesure où astronomie et mesure du temps étaient étroitement liées sous le règne des pharaons. Cadrans solaires et horloges stellaires donnaient les points de référence.

De là naquit un calendrier de douze mois de trente jours plus cinq jours épagomènes, qui servit de cadre à l'élaboration d'un zodiaque. Ici les étoiles semblaient prépondérantes par rapport aux planètes, il n'y avait pas de composante astrologique mêlée à l'astronomie, mais on se laissait aller à reproduire figurativement le ciel dans les temples afin de garantir la projection sur l'Egypte de tout ce qu'engendraient les forces célestes. Est-ce cela qui fit dire plus tard que l'Egypte fut le berceau incontestable de l'astrologie ?

Et pourtant, beaucoup virent en la Grèce l'héritière des balbutiements astrologiques mésopotamiens.

La confusion s'explique par le fait que l'astrologie horoscopique vit le jour à Alexandrie (Egypte) au temps de la domination grecque...

Le plus ancien zodiaque représenté et retrouvé est celui d'Esna peint vers 200.

On peut donc considérer sans grand risque d'erreur que l'astrologie horoscopique existe vraiment depuis environ deux à trois siècles avant notre ère.

On ne peut terminer l'évocation des origines de l'astrologie sans dire un mot de l'Inde et des pays arabes.

En Inde, l'astrologie doit beaucoup à la Grèce. Il n'en faut pour preuve que le premier manuel connu d'astrologie genethliaque indienne remontant au IIe siècle de notre ère, traduction d'un texte grec écrit à Alexandrie à la fin du Ier siècle. De même, on retrouve de nombreuses références aux «Yavanas» (=les Grecs ou ceux qui parlent le grec). A cet héritage grec, les Indiens ajoutèrent leurs croyances et leurs traditions, en faisant en particulier une place importante et significative aux «nakshatras» (demeures lunaires).

Du côté arabe, ce sont les Perses qui se trouvent à l'origine d'un système astrologique conçu lui aussi à partir de l'héritage mésopotamien et grec. Cette astrologie considère les aspects en fonction des orbes, fait la part belle aux grands cycles de Jupiter et de Saturne et met en évidence des concepts d'interactions planétaires qui lui sont propres. L'astronomie arabe fut florissante entre le VIIIe et le XIVe siècle, et reste reconnue comme déterminante. Le vocabulaire astrologique compte de nouveaux termes à étymologie arabe, comme «azimut» ou «zénith»... et nombreux furent, au cours des siècles, les astrologues européens qui allèrent parfaire leurs connaissances dans les universités arabes.

L'astrologie moderne se doit de reconnaître ces différents héritages.

CHAPITRE II

# Les ères zodiacales

Depuis plus de six mille ans, l'histoire de l'humanité est régie par des cycles zodiacaux appelés «ERES».

Issu du latin «aera» qui signifie «nombre», ce terme désigne des périodes bien précises couvrant chacune un certain nombre d'années et présentant des caractéristiques propres.

Chaque ERE se trouve déterminée par un phénomène de précision des Equinoxes (attraction de la Lune sur la Terre) induite par le déplacement du «POINT VERNAL» (ou point équinoxial du printemps) sur le cycle zodiacal. Ce mouvement du Point VERNAL qui correspond à l'intersection de l'équateur céleste et de l'écliptique[1] qui, n'étant pas fixe, dérive très lentement dans le zodiaque, permet d'évaluer la durée de chaque Ere dans un même signe. Le temps qu'il met à parcourir les trente degrés de ce signe est d'environ 2160 ans (à quelques années près). Son transit se fait en sens inverse de l'ordre normal des signes et de la position du Soleil au fil des mois de l'année : il va du Taureau au Bélier, puis aux Poissons, ensuite au Verseau etc...

Chaque nouvelle ERE portera la marque propre au signe dans lequel le point VERNAL entrera et lors du passage de l'une à l'autre apparaîtront de nouvelles théories, des formes différentes de façon de vivre et, par là, naîtront et évolueront de nouveaux types de religion et de civilisation, ce qui n'ira pas sans quelques remous et bouleversements au plan humain.

Une ERE se découpe en 3 cycles de 720 ans, correspondant successivement à son ascension, puis son apogée et enfin son déclin. Ce sont les repères évolutifs de la Terre et de l'humanité qui doivent tendre à

---

1- *Ecliptique* : Grand cercle céleste décrit en un an par la rotation de la Terre autour du Soleil ou par le Soleil dans son mouvement propre apparent.

la diversification du comportement humain, tant physiologique que psychologique, ainsi qu'à celle des idéaux religieux et philosophiques.

Le signe transité apporte ses caractéristiques vibratoires spécifiques dont il imprègne le monde de l'époque. Le point de repère indiscutable pour sa datation est le changement religieux qu'il engendre.

Environ deux mille ans avant Jésus-Christ, le point VERNAL se trouvait au point zéro du signe du BELIER. Actuellement, il est sur les premiers degrés du signe des POISSONS et va, sous peu, aborder le signe du VERSEAU.

Si on remonte beaucoup plus loin, on constate que :
- L'ERE du **LION** (=10 000 ans à 8000 ans avant J.C.) a marqué la fin de l'ère glaciaire.

- L'ERE du **CANCER** (=8000 à 6000 ans avant J.C.) a vu la construction des premières habitations.

- L'ERE du **GEMEAUX** (=6000 à 4000 ans avant J.C.) a donné naissance à l'écriture.

- L'ERE du **TAUREAU** (=4000 à 2000.avant J.C.) a correspondu avec le début de l'agriculture.

Cette ERE a laissé des vestiges que l'on retrouve encore dans le monde d'aujourd'hui. Le TAUREAU , qui a toujours symbolisé la TERRE, Terre-Mère, était l'emblème de la divinité et de la fécondité. Incarnant aussi le mâle libérateur de Force, et en particulier de cette force de vie qui donne la vie, il fut le Dieu APIS, des Egyptiens, le symbole solaire des Crêtois ou encore cette divinité appelée MYTHRA chez les Gaulois. Couramment représenté sur les parois des grottes préhistoriques, où nous pouvons encore l'admirer, il figure aussi sur les chapiteaux et autres bas-reliefs de nos cathédrales.

L'ERE du TAUREAU est encore l'époque où on enterre les morts dans la Terre-Mère en leur redonnant la position foetale, ce qui, en soi, est hautement symbolique.

- L'ERE du **BELIER** (=de 2160 à 0 avant J.C.) a marqué une évolution décisive dans l'histoire de l'humanité. Le TAUREAU symbole de la Terre, est alors remplacé par le BELIER, symbole du SOLEIL, et du FEU. Le culte de la Terre-Mère va être supplanté par le culte du Dieu-Père (le Dieu d'Abraham) qui peut être aussi un Dieu-justicier ou Dieu-vengeur.

Le lieu de prédilection de cette civilisation se situe géographiquement en Egypte et sur le bassin méditerranéen. En effet, c'est avec l'Egypte pharaonique qui commencent les ERES zodiacales bien déterminées.

Le culte solaire d'AMON prône l'adoration du bélier RÂ qui se substitue au Taureau APIS. Et le pharaon Amenemhat fit construire des temples avec des rangées de sphinx à têtes de bélier.

Plus tard, chez les Celtes, on retrouve encore le bélier comme attribut du Dieu Soleil.

Et n'oublions pas dans la Bible l'épisode du sacrifice d'Isaac, dans lequel l'enfant est, au dernier moment, remplacé par un bélier.

L'évolution de cette ERE est marquante par la révolution religieuse qu'elle engendre : les hommes vont devenir égaux devant la mort. Au départ du cycle, les pharaons détiennent l'immortalité de l'âme, mais peu à peu, les évènements politico-économiques vont le ramener à sa condition d'humain et chaque égyptien aura, lui aussi, sa part de divinité.

La transition vers la nouvelle ERE du POISSONS va s'accomplir à travers l'empire Romain en -31, sous l'égide de l'empereur Octave.

Le temps est venu où le Bélier va se transformer en Agneau, préfigurant la venue du Christ, l'Agneau de DIEU.

- L'ERE des **POISSONS** (-31 à +2160) a introduit un gigantesque changement dans l'histoire de l'humanité, avec le passage du FEU purificateur à l'eau tout aussi purificatrice et omniprésente dans la symbolique du christianisme qui va profondément imprégner toute cette ère de sa marque.

L'empire romain a servi de tremplin à cet avènement et a permis l'unification du bassin méditerranéen. Il a mis fin aux guerres civiles qui sévissaient ici et là, mais il a quand même maintenu des rapports de force avec les pays occupés.

La paix romaine a permis à la religion du Christ de se propager. En effet, pour les pays restés sous le joug romain, il était vital de trouver une spiritualité salvatrice, favorable à leur évolution. L'enseignement du Christ a répondu, à point nommé, à leur attente et quand il fut suffisamment implanté jusqu'à Rome et au-delà, la capitale de l'empire romain s'est effondrée...N'oublions pas que les empires disparaissent lorsque se trouve atteint le but en vue duquel ils avaient été conçus.

Dès lors, le changement de décor est radical. Les puissants empires (égyptien puis romain) ont joué leur dernier acte, le rideau est tiré, non pas sur leur existence, mais sur leur prépondérance, sur leur toute-puissance, sur leur rayonnement. Le message du Christ, avec toute la symbolique de l'eau qu'il contient (l'eau du Baptême en particulier), est désormais inscrit dans l'inconscient collectif de l'homme et, un jour, il embrasera l'humanité toute entière. Et le poisson, en Grec «Ichtus », anagramme de Jésus Christ, Dieu Sauveur des hommes va devenir le symbole christique. Ce sera le signe de reconnaissance et de ralliement des premiers chrétiens; on le retrouvera sur les mosaïques et autres représentations religieuses de cette époque. Le symbolisme du signe des *POISSONS* met bien l'accent sur son caractère binaire : deux Poissons se croisent, l'un descend dans le sens du courant tandis que l'autre remonte à contre-courant. C'est lourd de signification ! Cette dualité n'a cessé de se manifester au fil des siècles dans la séparation même de l'esprit et de la matière. Il suffit, pour s'en convaincre, de considérer les deux grandes civilisations qui se sont rencontrées sans jamais se mélanger (et il en est encore ainsi de nos jours) : le matérialisme solaire de l'Occident et la spiritualité lunaire de l'Orient.

Nous l'avons évoqué plus haut, l'élément qui gouverne ce signe des POISSONS est l'EAU et qui dit eau, dit fertilisation. Jésus recrute ses apôtres parmi les pêcheurs de la mer de Galilée et partage avec eux la pêche miraculeuse. Après la décadence et la chute de l'empire romain (entre chaque ère existe cette période transitoire où la décadence et la mort de l'empire existant marquent bien la chute de l'ancien cycle, la fin d'une époque), l'ère des Poissons commence et opère son ascension (0 à 710 après J.C) avec la mise en forme et l'implantation du christianisme, puis la fondation du royaume Franc. Les Mérovingiens, dont l'apogée se situe autour des années 500, étendent leur belle période médiévale jusqu'au milieu du VII siècle. Les invasions arabes marquent la fin de ce règne et le début de l'époque Carolingienne. En 800 l'empereur Charlemagne induit la formation directe du moyen-âge et ce sont les invasions normandes qui auront raison de ce règne. L'expansion religieuse touche alors à sa fin. L'apogée de la civilisation chrétienne, ainsi que son hégémonie culturelle et intellectuelle, coïncident avec la dynastie des Capétiens directs. Saint-Louis idéalise cette période et on assiste alors au rayonnement d'un mysticisme jamais atteint auparavant. Le pouvoir politique s'allie aux valeurs religieuses et les croisades en seront le fruit (1050 à 1410).

Le Moyen-Age périra par où il a pêché : par la guerre et par ses féodaux, par le schisme d'Occident qui divise la chrétienté et par ce «fléau de Dieu» que sera la peste noire qui décimera la moitié des habitants européens entre 1348 et 1350.

Mérovingiens, Carolingiens et Capétiens de cette époque termineront leur règne par une décadence sans retour.

A partir du début du XVe siècle (1409 environ) et jusque dans le seconde moitié du XVIIIe siècle (1769) s'amorce le déclin de l'ère. Il commence curieusement avec la «Renaissance» qui a généré un grand bond en avant dans tous les domaines et principalement dans celui de la connaissance et de la culture, avec l'essor de l'humanisme. Dès lors, l'homme se découvre lui-même, la science n'est plus l'apanage de Dieu !

Gutenberg invente l'imprimerie qui jouera un grand rôle tant dans la propagation des idées que dans l'enseignement qui va naître véritablement à ce moment-là aussi.

Désormais, dans aucun domaine, rien ne sera plus comme avant. Le monde religieux n'échappe pas non plus à ces bouleversements. Le tumulte protestant de la Réforme ébranle l'édifice catholique. La brisure de l'Eglise, le vacillement de la Foi autant que les guerres de religion sont bien le fruit de la Renaissance. On constate le déclin du christianisme tandis que s'effectuent des réformes religieuses mondiales.

Le monde politique n'est pas en reste. La formation des nations et des monarchies absolues sous le règne des Valois et des Bourbons élimine définitivement le cadre féodal. L'essor colonial engendré au moment des grandes découvertes par le goût d'aventure et de conquête d'un Christophe Colomb, d'un Magellan et autre Vasco de Gama, permettra, à plus ou moins long terme, de faire surgir un Nouveau Monde, porteur à son tour d'autres espérances.

L'inconscient collectif de cette époque va se trouver profondément marqué par ce nouveau cap d'orientation métaphysique. C'est la fin du classicisme et de sa rigueur. La philosophie du «siècle des Lumières» va prendre le dessus. Le mythe fascinant contenu dans le mot «liberté» chuchoté par quelques-uns avant d'être clamé par des foules en rupture de mal-être, les fera basculer dans l'irréligion, quand ce ne sera pas dans l'athéisme le plus dur.

Et c'est dans ce dernier tiers de l'ère des Poissons (plus précisément de 1769 à 2160) que s'effectue lentement la transition irréversible ouvrant sur l'ère du Verseau.

1769, c'est la naissance de Napoléon et c'est aussi le point de départ d'une phase très dure de matérialisme et d'athéisme. Le pouvoir politique doit être dissocié du pouvoir religieux; seule la force qui passe par la révolution fera éclore la démocratie. Une nouvelle symbiose est née : l'universel, le droit au bonheur pour tous, cette liberté tant chérie, référence des références pour la pensée, si bien développée et mise en valeur par les écrivains et les grands philosophes du XIXe siècle. On assiste, dès lors, à la décadence inéluctable et irréversible des cultes établis, en même temps qu'à la montée tout aussi forte de l'athésime et du matérialisme.

De grosses transformations sociales se font jour au cours de ce XIXe siècle, avec la «révolution industrielle» et les perspectives nouvelles qu'elle offre au monde, avec le début de l'exode rural et de la civilisation urbaine de masse. Peu à peu, au plan politique, les démocraties remplacent les monarchies absolues...

Il est important et intéressant de noter qu'une chronologie similaire d'évènements marquants a eu lieu au cours de l'ère du Bélier : l'hégémonie de Carthage a pris fin après les trois guerres puniques... notre XXe siècle compte deux guerres mondiales et plusieurs guerres d'indépendance porteuses de liberté nationale. N'y-a-t-il pas là matière à réflexion ?

Pour en finir avec cette période transitoire, il faut encore s'arrêter sur un trait particulièrement caractéristique de la mouvance des temps : le cosmopolitisme.

L'afflux d'étrangers venus des quatre coins du monde modifie sérieusement les données de base de la population de chaque pays à partir des brassages inévitables qui découlent de ces arrivées. Cela entraîne un effondrement de la natalité des autochtones au profit de naissances «mixtes», ce qui affaiblit peu à peu la souche originelle et contribue à la mise en place progressive d'une race universelle dont l'homme du Verseau sera l'enfant.

Cet homme du Verseau sera-t-il meilleur ? Et que sera donc cette ère du Verseau dont on parle tant et, bien souvent, à tort et à travers ?

Voilà les grandes questions qui se posent à nous à la veille du troisième millénaire, à cette période charnière qui nous fait basculer progressivement d'une ère dans une autre.

- L'ERE du **VERSEAU** (à partir de + 2160)

Il peut paraître prétentieux d'aborder ici une réflexion sur une époque qui n'est pas encore installée... Il ne s'agit pas d'établir quelque prédiction que ce soit, mais tout simplement de poser des hypothèses nées de l'analyse de l'évolution actuelle et du symbolisme du signe même qui va caractériser cette ère.

En général, les tendances de l'homme ne changent guère, mais l'encadrement spirituel qui lui est imposé peut l'amener à évoluer, et c'est d'ailleurs souhaitable. De cycle en cycle, on assiste à une avancée de la gent humaine. Le hasard n'existe pas, l'univers est organisé autour d'une finalité spirituelle dont l'histoire n'est que l'agent d'accomplissement, un certain moteur pour l'évolution des sociétés. La finalité est l'imprégnation de l'inconscient collectif.

Dès lors, que peut-on attendre de l'influence du Verseau ?

Le «VERSE-EAU»[1], celui qui verse la connaissance (voir chapitre XX l'étude symbolique du signe) va opérer la synthèse de toutes les connaissances pour permettre à l'homme de passer de l'individuel à l'universel. Le changement de dimension s'annonce radical.

Le mot-clef de ce règne du Verseau risque d'être «mutation» dans tous les domaines, et en particulier, mutation des gènes, clonage, médecine génétique... Le maître planétaire est ici URANUS, planète des ondes, des vibrations, des rayons, de l'énergie... Les années 1900 ont vu naître, puis se perfectionner, la mécanique et la technologie; la fin de ce XX siècle marque l'apogée de la technicité, que ce soit en physique ou même, en médecine. On multiplie les recherches en vue de bien cerner l'homme dans sa dimension cosmique et de le traiter en conséquence. Physique et métaphysique n'ont jamais été si étroitement liées. Qui l'aurait dit il y a un siècle ?

La guerre des ondes ne saurait se faire attendre, les pirates ne sévissent plus exclusivement sur les mers comme par le passé, l'air est devenu aussi leur domaine.

Qui, de nos jours, n'a pas son ordinateur ? Internet fait fureur et devient pour beaucoup le passage obligé. On passe progressivement du monde de la particule à celui de l'onde. Le symbole du Verseau n'est-il pas fait de deux ondes superposées ?

Uranus donne naissance à des êtres qui deviendront des pionniers au niveau des idées, qui se révéleront des réformateurs prêts à faire tomber tous les préjugés et dotés de surprenantes facultés d'intuition.

---

1-VERSE-EAU : Expression de Ferdinand David dans son ouvrage «Les 12 maisons astrologiques» Editions du Rocher.

Ce n'est plus à travers la Terre du Taureau, le Feu du Bélier, ou l'eau des Poissons que les jeux vont se faire. Tout va se jouer dans l'AIR du Verseau, l'espace terrestre va céder le pas à l'espace sidéral dans lequel désormais tout va s'inscrire de façon différente. N'oublions pas, ici encore, que toute construction est précédée d'une destruction qui permet la transformation et ouvre le champ à de nouvelles réalisations. Les étapes successives de ces évolutions sont conditionnées par les situations astronomiques.

Le déterminisme historique s'accompagne obligatoirement du déterminisme géographique : un espace, un territoire, un continent est choisi pour porter sur son sol l'ensemble de la civilisation spirituelle d'une ère zodiacale. Alors lui sont conférées les conditions favorables et obligatoires afin d'atteindre le but fixé : le passage de l'inconscient collectif à une autre dimension, et son imprégnation totale.

L'ère du Bélier a vu l'extension de l'Egypte vers la Grèce et l'ère des Poissons celle de l'empire romain en Europe Occidentale, principalement vers ce qui est aujourd'hui la France : (Axe Sud/Est - Nord/Ouest). L'avenir nous dira ce que verra l'ère du Verseau.

Comme l'individu qui naît et grandit, puis s'accomplit dans sa plénitude et enfin décline pour mourir afin que les espèces évoluent, de même les ères zodiacales connaissent une ascension, une apogée et une décadence qui constituent le mode d'évolution des civilisations. Et chaque individu se trouve enrôlé dans un inimaginable jeu cosmique qui le dépasse, mais duquel il doit se sentir indissociable.

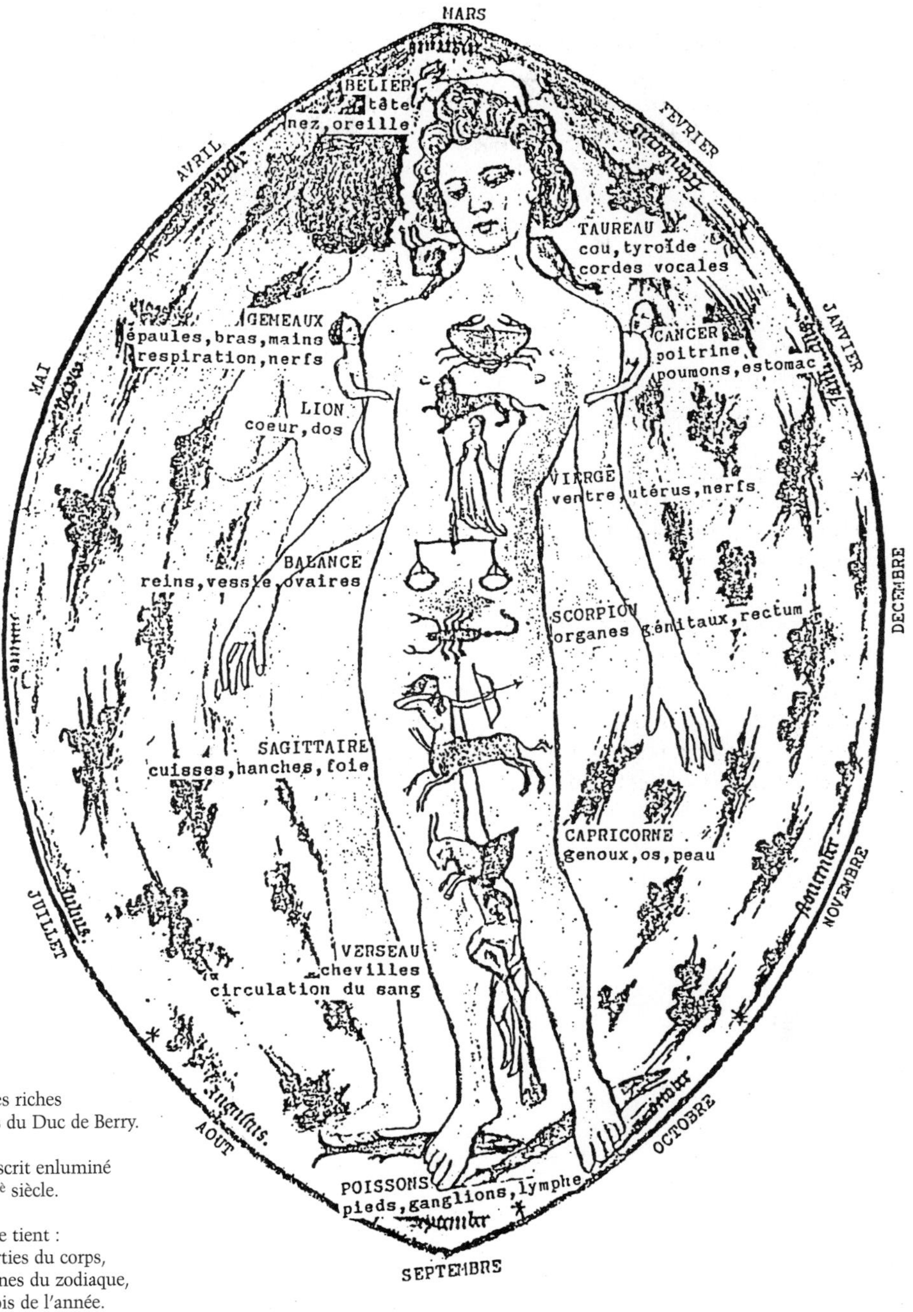


Les très riches
heures du Duc de Berry.

Manuscrit enluminé
du XVe siècle.

Tout se tient :
les parties du corps,
les signes du zodiaque,
les mois de l'année.

CHAPITRE III

# La partition Astrale

L'élaboration cosmique

La science initiatique nous enseigne que nous sommes plongés dans un Océan Fluidique et que tout s'inscrit dans cette lumière astrale.

Il s'agit d'une émanation que dégagent toutes les créatures : hommes, animaux, plantes, pierres et étoiles, et dans laquelle tout s'enregistre : émotions, pensées et actions.

Les Hindous appellent cette matière fluidique : Akasha. On peut la nommer aussi «le serpent originel», «la force cosmique». Sa nature est des plus mystérieuses et tout ce qui a été avancé pour tenter de la définir ou de la décrire, reste énigmatique.

Ce fluide dans lequel tout s'imprime s'étend jusqu'aux confins de l'univers. Il est, pour nous, réprésenté par le Zodiaque, symbole de l'expression créative de Dieu.

D'après la science ésotérique, la succession des douze signes du Zodiaque et l'ordre même dans lequel ils sont représentés : BELIER, TAUREAU, GEMEAUX, CANCER, LION, VIERGE, BALANCE, SCORPION, SAGITTAIRE, CAPRICORNE, VERSEAU, POISSONS, révèleraient les différentes étapes de la Création.

- LE BELIER donne l'impulsion, la force pure et originelle : ce sont les bourgeons au printemps.

- LE TAUREAU apporte la matière, mais à ce stade, elle n'est encore qu'une masse informe.

- LE GEMEAUX établit un réseau de communication qui va hiérarchiser tout le travail de construction.

- LE CANCER porte en lui les fondements mêmes de la vie dont il jette les bases au seuil de l'été : le noyau, le germe.

- LE LION génère autour de ce germe une force centrifuge qui, par l'augmentation de la chaleur et de l'intensité du mouvement, va provoquer une explosion et permettre ainsi à la masse de rayonner dans l'espace.

- LA VIERGE arrive alors pour mettre de l'ordre et de l'organisation dans cet ensemble et induire la place de chaque élément.

- LA BALANCE lui succède et entre en jeu pour mettre, à point nommé, la note d'harmonie et d'esthétique qui manquait jusque là.

Nous sommes au septième jour, le travail s'arrête : c'est le jour du repos. A ce niveau, nous assistons à un relâchement des forces mises en présence et les éléments de destruction commencent à poindre.

- LE SCORPION s'impose avec son hostilité et son trouble générateur de désordres de toutes sortes.

- LE SAGITTAIRE ne peut accepter tout cela car il possède le don de réconciliation entre les êtres. Il fait le lien avec le ciel, il canalise les bouillonnements et les trop-pleins d'énergie pour les diriger vers le haut. On en retrouve la symbolique dans l'arc et la flèche du Centaure.

- Avec LE CAPRICORNE le monde est ordonné,il «tourne rond», il fonctionne ...mais il a tendance à se cristalliser. La condensation devient trop importante, la destruction va être fatale.

- LE VERSEAU heureusement va sauver la matière en intervenant au bon moment et en mettant en jeu l'action des puissants courants de l'esprit.

- Et enfin avec LES POISSONS, cette matière parviendra à l'harmonie de la Vie par la Paix et la pureté des sentiments.

## LA LOI DES CORRESPONDANCES

Il est écrit dans la Bible que «Dieu fit l'homme à son image».

Et depuis l'Antiquité, est reconnue et affirmée la loi des correspondances entre le «MACROCOSME» (le Haut) et le «MICROCOSME» (le Bas). D'où découle naturellement l'axiome, on ne peut plus célèbre, d' Hermès : «En bas comme en haut»

Nous pouvons pareillement en déduire que les diverses parties du corps humain correspondent à différentes «tranches» de la voûte céleste et aux astres qui les traversent.

Cela nous conduit à établir la correspondance qui existe véritablement entre les signes, les planètes et les différentes parties du corps humain. C'est au moment de la naissance que le corps reçoit l'empreinte des influences astrales. Lorsque l'enfant pousse son premier cri, le Ciel appose son sceau et fixe l'horoscope dans lequel s'inscrit d'emblée le destin de cette personne.

Le seul moyen pour l'homme de se libérer des limitations que lui imposent les astres est de bien connaître son thème avec ses points de force et de faiblesse tant physique que psychique, émotionnelle, intellectuelle ou spirituelle, ainsi que ses potentialités professionnelles, et les périodes qui seront pour lui fastes ou néfastes. C'est ainsi qu'il échappe à la loi de fatalité et de nécessité. Il sera libre de ses choix et son libre arbitre sera vierge de toute influence extérieure.

L'astrologie repose sur des traditions. La pratique en est pluri-millénaire, les premières tentatives de justification scientifique remontent à peine à quatre-vingts ans ! Aucun scientifique ne songerait à nier l'influence qu'exercent sur notre terre, sur les êtres et les choses, le Soleil et la Lune. L'action de la Lune sur les océans et les grandes marées, sur le déclenchement des naissances, sur les cycles vitaux est largement reconnue.

L'astrologie n'est autre que l'analyse de la tradition et de l'observation objective.

## LE THEME ASTROLOGIQUE

Il se traduit par une Carte du Ciel

Chaque carte est unique et privilégiée. Elle représente l'instant précis de la naissance de la personne à laquelle elle correspond, instant mesuré en termes astronomiques. On ne saurait trouver deux personnes présentant exactement le même thème. Entre deux jumeaux ou deux êtres nés au même instant, il y aura toujours une infime différence dans laquelle chacun trouvera sa propre identité. Il n'y a pas et il ne pourra jamais y avoir deux identités identiques à 100% !

Qui que vous soyez, votre carte du ciel présume que vous êtes à la fois unique et en relation permanente avec votre milieu. Votre existence dépend des échanges que vous entretenez avec votre environnement : matières, énergies, informations qui concourent à votre survie.

Pour chacun, la vie terrestre durera aussi longtemps qu'il lui sera possible d'accroître et d'équilibrer ses échanges avec le monde extérieur.

## LA CARTE DU CIEL

On peut analyser la carte du ciel du point de vue de ses composantes et de son animation. Elle se construit en quatre éléments.

### 1 LE ZODIAQUE ET LES SIGNES :

Ils correspondent aux frontières d'un pays ou d'un corps. Les signes sont au nombre de 12 et ils sont fixes : BELIER - TAUREAU - GEMEAUX - CANCER - LION - VIERGE - BALANCE - SCORPION - SAGITTAIRE - CAPRICORNE - VERSEAU - POISSONS.

Nous connaissons leur correspondance au niveau de la constitution physique et psychologique de l'individu. Cette étude sera faite ultérieurement.

### 2 LES PLANETES :

Elles correspondent aux villes et sont au nombre de 10. Chacune représente une donnée de la personnalité.

On peut récapituler la classification des planètes de la façon suivante :

* Luminaires : SOLEIL, LUNE
* Planètes rapides individuelles : MARS, MERCURE, VENUS
* Planètes lourdes sociales : JUPITER, SATURNE
* Planètes lourdes collectives : URANUS, NEPTUNE, PLUTON

### 3 LES MAISONS ASTROLOGIQUES :

Elles correspondent au réseau routier et sont en relation avec un aspect déterminé de la vie : Personnalité, Matérialité, Relation, Communication, Foyer, Loisirs, Travail, Santé, Associations, Union.

### 4 LES ASPECTS :

Ils correspondent à la circulation. Un aspect est la distance qui sépare deux Planètes. Ils sont NEGATIFS ou POSITIFS.

## L'ELABORATION DE LA CARTE DU CIEL

L'élaboration de la carte du ciel nécessite , sur le plan technique, un certain nombre de recherches et de calculs.

On trouvera d'abord les positions planétaires sur les éphémérides où elles sont toutes répertoriées jour par jour,au fil des mois et des années. Dès lors s'expliquera l'importance de la date de naissance : jour-mois-année.

Vient ensuite le calcul des maisons astrologiques qui se fait lui aussi à partir de la date de naissance, mais surtout de l'heure et du lieu de cette naissance. Ces éléments précis permettent de déterminer la latitude et la longitude indispensables pour monter la carte du ciel.

Quant aux aspects, autre point capital, ils seront dressés en fonction des angles formés entre les Planètes et des angles de la carte.

Alors seulement, après que tout aura été bien établi, l'astrologue pourra envisager de passer à l'interprétation.

## L'INTERPRETATION DE LA CARTE DU CIEL

Devant une carte du ciel, l'astrologue est semblable au musicien devant une partition. Il commence par la déchiffrer pour en appréhender[1] le contenu et entrer progressivement dans sa connaissance. Il prend la mesure du thème, en dégage le potentiel tant positif que négatif (les contradictions, les lignes dynamiques d'activation et les tensions).

Il donne le rythme par l'analyse des transits qui met en évidence la relation entre deux Planètes dont l'une appartient au thème natal et l'autre au ciel du jour donné. Par là devient possible la compréhension de l'évolution du thème et de la personne concernée, et, de fait, une dynamique particulière du moment sur tous les plans (physique, psychologique, émotionnel, intellectuel, spirituel,) se trouve définie en tant que pronostic d'expression de la personnalité.

1- *Appréhender :* Saisir, découvrir, déterminer quelque chose par le jeu de l'esprit.

CHAPITRE IV

# Les Planètes et les types planétaires

1 LES PLANETES :

Les Planètes sont les éléments du système astrologique et se révèlent déterminantes dans l'approche et la connaissance de notre psychologie.

Chacune représente une donnée de la personnalité et agit sur une fonction du psychisme humain. Ainsi par l'étude de leur mouvement dans l'univers, mouvement répété en cycles immuables qui les font se retrouver à tel ou tel point de l'espace, à telle période, les astrologues vont-ils être à même d'établir les possibilités d'évolution, de réalisation, de transformation au cours de la vie des consultants.

Chaque planète a sa caractéristique propre qui s'imprime sur le plan physique et comportemental des individus. Selon le signe dans lequel elle évolue, elle va induire une action particulière, positive ou négative, qui sera en réalité une interaction signe/planète se traduisant concrètement dans le secteur (ou «maison» en langage astrologique) concerné.

Tout dépendra aussi de la place de la planète dans le signe :

- Si elle y est «en domicile», elle gouvernera ce signe dont elle sera «le maître» et son influence sera à son apogée.

- Si elle y est «en exaltation», elle n'y donnera que son influence positive.

- Si, par contre, elle y est «en exil» ou «en chute», son action se trouvera contrariée ou sérieusement ralentie et limitée.

Il faudra bien tenir compte de toutes ces composantes et des incidences qui en découlent pour analyser et interpréter un thème astrologique.

L'astrologie moderne opère une classification bien précise des Planètes. Elle en considère deux comme les principes générateurs : LA TETE et LA QUEUE du DRAGON qui symbolisent les mystères de la naissance et de la mort.

Quatre autres Planètes ont en charge la structure de la personnalité

- LE SOLEIL et LA LUNE

- LE SOLEIL NOIR et LA LUNE NOIRE.

LE SOLEIL évolue par cycles d'un an. C'est le symbole de la vie et il correspond à la loi (toute vie est régie par une loi et doit se conformer à des lois). C'est la loi qui règle l'état de veille comme le soleil éclaire le jour.

C'est sa position à l'heure de la naissance qui va déterminer le signe zodiacal de chaque personne.

LE SOLEIL NOIR correspond à la jouissance et il arrive que la jouissance entrouvre la porte de la folie...

LA LUNE évolue par cycles de 27 jours.
Elle correspond au désir et ouvre la porte du rêve, de l'illusion...N'oublions pas que sa clarté n'est que le reflet du soleil sur elle, reflet qu'elle nous renvoie plus ou moins largement selon les «quartiers» de son cycle..! Elle n'est jamais ni tout à fait la même, ni tout à fait une autre, et à certaines périodes même, elle semble ne pas être...

Elle régit le principe féminin existant en tout individu, et elle a une action importante sur l'émotion et l'imagination.

LA LUNE NOIRE évolue en cycles de 9 ans, correspond à l'interdit et pousse la porte du sommeil. C'est un «lieu» plus qu'une planète. Avec elle on est au royaume de l'inconscient, de l'insatiabilité viscérale, du désir «essentiel» de l'individu, mais jamais exprimé, de tout ce qui sommeille en nous.

Avec ces quatre Planètes, nous avons bien les quatre principaux états de la conscience humaine.

Avant de passer aux planètes suivantes, il faut considérer encore :

## L'AXE NODAL ET LES NOEUDS LUNAIRES

L'axe nodal est déterminé par le jeu de la Lune et du Soleil. Il correspond au point d'intersection Sud et Nord du plan de rotation de la Lune autour de la Terre avec le plan de l'écliptique du Soleil.

Le «noeud»se trouvera au point de convergence Lune/Soleil. Cet axe, appelé encore «axe du dragon», a un cycle propre qui tourne sur dix-huit ans environ avec une marche rétrograde. Il permet à l'énergie du temps de s'écouler du passé vers le futur et il participe au processus d'intériorisation de l'être.

Il évolue du Noeud Sud (NS) qui représente la mémoire du passé, vers le Noeud Nord (NN) qui a pour charge de répartir dans le présent les énergies anciennes.

Ainsi, il va intervenir dans l'équilibre psychique en favorisant l'évolution, du négatif vers la réalisation de soi.

Mais là encore, tout dépendra du libre arbitre de la personne et de sa capacité à se remettre en question. Si elle se bloque dans la dynamique du NS, elle n'évoluera pas, bien au contraire. Elle se heurtera toujours aux mêmes difficultés, retombera dans les mêmes situations ou connaîtra les mêmes types de rapports que par le passé. A la limite, il y aura plutôt regression. Si, au contraire, elle entre dans la mouvance du NN, porteur de toute l'énergie des planètes pour la répartir dans le thème, alors cette même personne pourra évoluer.

Toujours placés en opposition dans un thème, ces deux noeuds lunaires (NS et NN) apparaissent bien indissociables, et l'analyse se fera du NS au NN.

Le noeud lunaire va être important tant dans le fond que dans la forme. Le fond, c'est le signe dans lequel il se trouve et dont les valeurs entrent dans la signification du noeud. La forme, c'est la maison qui l'abrite et dans laquelle il prend sa valeur.

On reconnaît faciles à vivre les relations d'opposition des signes et maisons impairs, alors que les relations inversées des signes et maisons pairs seront plutôt contradictoires et conflictuelles.

Ainsi donc les relations NN/maisons ou signes pairs s'avèreront dissonnantes et difficiles, tandis que les relations NN/maisons ou signes impairs baigneront dans l'harmonie.

On peut, bien entendu, trouver des relations maison paire/signe impair et inversement. Dans ces cas, c'est la signification particulière du NN qui sera déterminante.

Si, par exemple, l'axe nodal est orienté de la maison 7 vers la maison 1, le sujet devra échapper à la dynamique de son NS en maison 7 c'est-à-dire sortir de l'emprise de l'autre pour adhérer à l'énergie de son NN en maison 1 qui l'amènera à se structurer, à être lui tel qu'en lui-même.

A l'inverse, si l'axe est orienté de la maison 1 vers la maison 7, ce même sujet devra sortir d'un «ego» tyrannique et négatif (NS maison 1) pour aller vers l'autre (NN maison 7).

Dans le cas d'un axe nodal 5 vers 11, le sujet devra abandonner la recherche de son propre plaisir (NS maison 5) pour découvrir l'altruisme (NN maison 11) ; alors que si l'axe est orienté 11 vers 5, ce même sujet devra cesser de ne considérer que les autres (NS maison 11) pour penser un peu à son propre bien-être (NN maison 5).

Ces quelques considérations d'ensemble permettent de pressentir l'impact de l'axe nodal et des noeuds lunaires sur le devenir de chacun de nous.

Aussi seront-ils à analyser d'entrée avant toute autre approche d'un thème astral.

### LA PART DE FORTUNE

Présente elle aussi sur la carte du ciel, la part de fortune indique «la fortune» au sens premier du terme, c'est à dire la part de chance de l'individu concerné.

Elle se situe au niveau d'un point du zodiaque placé à une distance de la Lune qui équivaut à celle de l'Ascendant par rapport au Soleil.

### LE MILIEU DU CIEL (M.C.)

C'est le point traversé par l'extrémité du méridien de la maison X. Il renseigne sur l'ascension sociale de l'individu et ses succès dans la vie.

Les huit planètes suivantes définissent les différentes fonctions de la personnalité :

MERCURE évolue en cycles de 88 jours.

C'est la planète du SAVOIR, de la RAISON. Avec elle, on est dans le domaine de la pensée qui génère l'existence («Je pense, donc je suis» Descartes). Ici tout se fait par la cérébralisation.

On la considère aussi comme la planète du concret et de la communication. Elle agit, par là, sur tout ce qui est apprentissage, expérimentation.

VENUS évolue en cycles de 225 jours.

C'est la planète de l'AMOUR. Elle concerne aussi tout ce qui est du domaine de la sensorialité et de la beauté.

Elle porte à jouir des bonnes choses de la vie.

MARS évolue en cycles de 2 ans.

C'est la planète de l'ACTION. Elle concerne tout ce qui est du domaine de l'activité en général. Mars, dieu de la guerre, génère la pulsion instinctive et contrôle la lutte, l'énergie combative, ce qui fait aussi de la planète Mars, la planète de la guerre.

Elle régit la composante masculine de la personnalité de chaque individu.

JUPITER évolue en cycles de 12 ans.

C'est la planète de la BIENVEILLANCE, de la VOLONTE. Très grosse, elle a sa propre source d'énergie mais a quand même besoin du Soleil dont elle est en quelque sorte la réplique matérialiste.

On la dit aussi planète de la paix et de l'expansion, de tout ce qui permet de se déplacer, d'atteindre un «ailleurs» qui peut prendre de multiples facettes.

Son action est généralement bénéfique et même, souvent, protectrice.

SATURNE évolue en cycles de 29 à 30 ans.

C'est la planète de l'INTERIORISATION, de la PENSEE, de la MORALITE, mais aussi de l'AFFLICTION et en cela on a tendance à la dire «maléfique». Elle nous rappelle le temps qui passe et nous mène vers l'échéance de la mort.

Avec elle dominent la structure, le devoir, elle génère souvent le refoulement.

Ces cinq planètes régissent surtout le plan personnel. On les dit «personnelles», en particulier MERCURE, VENUS et MARS.

Les trois dernières vont, elles, régir le collectif. Ce sont des planètes découvertes à des époques plutôt récentes, et en lien étroit avec les grands courants d'évolution mondiale.

Pour l'individu, leur intérêt résidera surtout dans l'éclairage qu'elles pourront apporter sur le fonctionnement de l'inconscient personnel et sur ses réactions face au monde dans lequel nous sommes immergés.

URANUS, évolue en cycles de 84 ans.

Octave planétaire de Mercure, elle fut découverte par Herschell en 1781.

C'est la planète de l'ALTRUISME, de l'ANTICONFORMISME

Elle remet en cause l'ordre établi et les idées reçues, elle génère les idées d'indépendance et de révolution (Révolution Française 1789 - Guerre d'Indépendance Américaine terminée en 1782 !).

Elle favorise aussi inventions et découvertes (électricité, «ère industrielle» du XIX siècle). Elle a donné au monde un esprit de conquête qui perdure et va même en s'amplifiant.

NEPTUNE, évolue en cycles de 164 ans.

Octave planétaire de Mars, elle fut découverte par Urbain Le Verrier et John Adams en 1846.

C'est la planète de la FOI, de la DIVINITE, de l'INSPIRATION. Avec elle, on entre pleinement dans le collectif où tout est fait pour tous. Différences et distances se trouvent abolies. Neptune tend vers le fusionnel où tout finit par se confondre. Attention alors à l'illusion génératrice d'erreur et de mensonge autant que d'égarement !

PLUTON évolue en cycles de 245 ans.

Octave planétaire de Mars, elle fut découverte par Lowell en 1930 et représente la pointe extrême du système solaire.

C'est la planète de l'INSTINCT, mais aussi de l'INTUITION qui va au fond des êtres et des choses, la planète de la destruction pour une rénovation. Avec elle, tout est soumis à transformation et l'homme se découvre détenteur de tous les possibles, et, de métamorphose en métamorphose, atteint l'infini à travers les profondeurs de son propre inconscient; d'où l'angoisse inévitable et bien spécifique générée par Pluton.

Bien plus que les signes du zodiaque, ce sont les planètes qui constituent la base de l'interprétation médicale, physiologique et psychologique d'un thème.

Chaque planète gouverne un signe, parfois plusieurs :

- MARS est le «le maître » du BELIER
- VENUS est le «maître» du TAUREAU
- MERCURE est le «maître» du GEMEAUX
- LA LUNE est le «maître» du CANCER
- LE SOLEIL est le «maître» du LION
- MERCURE est le «maître» de la VIERGE
- VENUS est le «maître» de la BALANCE
- PLUTON est le «maître» du SCORPION
- JUPITER est le «maître» du SAGITTAIRE
- SATURNE est le «maître» du CAPRICORNE
- URANUS est le «maître» (en collectif) du VERSEAU
- NEPTUNE est le «maître» du POISSONS

## 2 LES TYPES PLANETAIRES

Chaque signe donc, (parfois deux pour certains) va se trouver sous l'influence de la planète qui le régit et qui détermine un type d'être en correspondance avec ses caractéristiques, ses influx, ses symboles.

Là encore, il est fort rare (pour ne pas dire impossible) qu'un individu se retrouve tout entier dans un seul type. Nous sommes tous le produit d'un mélange «interplanétaire» subtil dans lequel domine toujours la signature de la planète la plus influente dans le signe au moment de la naissance.

### 1 TYPE SOLEIL

C'est le type FEU par excellence, avec toutes les fonctions en «HYPER» : Hypertension - hyperthermie - hypersthénie - cardiopathies - troubles du système nerveux central.

Son influence s'exerce sur le coeur, le cerveau, la colonne vertébrale. Il donne un tempérament bilieux (voir chapitre XXIII), souvent catabolique et génère des êtres longilignes sympathicotoniques, passionnés (Emotifs-Actifs-Secondaires) dont le prototype pourrait être le LION.

MORPHOLOGIE : Elle incarnera le type ATHLETE (corps harmonieux, visage déployé. Bonnes proportions d'ensemble. Gestes larges à dimension souvent théâtrale. Attitude élégante, fière, noble, distinguée. Grande assurance).

PSYCHOLOGIE : Le soleil est en rapport avec le côté «supérieur» du psychisme et régit le complexe conscience/volonté/action/sentiment du réel, ce qui donne généralement des aspirations élevées.

PSYCHO-PATHOLOGIE : Il y aura danger d'hypertrophie du «moi», ce qui entraînera égocentrisme, narcissisme, orgueil et paranoïa[1].

Le type «SOLEIL» donne l'aspiration à une vie luxueuse, la tendance à s'identifier aux héros, la recherche de la perfection, et, avant tout, le rayonnement.

2 TYPE LUNE

C'est le type EAU, avec tout en «hypo» : Hyposthénie, hypotension, hypothermie... et, à la limite, épilepsie.

Son influence s'exerce sur les fonctions digestives et reproductives ainsi que sur tout ce qui est liquides, muqueuses, séreuses.

Il donne un tempérament lymphatique, (voir chapitre XXIII), souvent anabolique et vagotonique et génère des êtres bréviligne soit nerveux (émotifs, non-actifs primaires) soit amorphes (non-émotifs, non-actifs primaires), c'est là le type inférieur dont le prototype pourrait être le CANCER.

MORPHOLOGIE : Elle suggère le type «CHERUBIN» (corps plutôt dilaté et alourdi, formes ondoyantes, visage rond, imprécis aux traits mous comme inachevés et à l'expression naïve dégageant une impression d'indolence et de douceur).

---

1- *Paranoïa :* Trouble de la raison caractérisé par une psychose axée sur des thèmes délirants (persécution surtout à partir de prémisses faux).

PSYCHOLOGIE : La lune régit «l'âme animale», c'est à dire le côté «inférieur» de la personne et tout ce qui concerne l'inconscient, les pulsions instinctives, mais aussi les rêves, l'imaginaire et la part du moi le plus intime.

PSYCHO-PATHOLOGIE : Il y aura danger de régression vers le passé, d'infériorité, d'égocentrisme, de narcissisme et à la limite, de schizoïdie[1].

Le type «LUNE» donne l'aspiration à une vie sans histoires, à un bonheur simple et tranquille chez soi, mais, à l'opposé, il peut induire une forme de «vie de bohême» dans le vagabondage et la fantaisie. Quoi qu'il en soit, la sentimentalité des êtres de ce type sera toujours très forte.

3 TYPE MERCURE

C'est le type TERRE qui gère la communication, les échanges, le mouvement en général.

Son influence s'exerce sur la respiration, le langage, les membres (en particulier les mains) et le réseau nerveux, ce qui peut expliquer certains troubles psychosensoriels.

Il donne un tempérament nerveux (voir chapitre XXIII) c'est-à-dire plus sec que froid (Emotif-non Actif-Primaire) auquel peut, dans certains cas, s'adjoindre un tempérament sanguin (non Emotif-actif-Primaire).

MORPHOLOGIE : Elle se rapprochera du type ANDROGYNE (corps mince et grêle avec des formes toutes en finesse et des gestes éloquents. Visage triangulaire, plutôt allongé construit en facettes. Impression juvénile)...

PSYCHOLOGIE : Mercure commande la raison, les fonctions d'intellectualisation (très poussée chez les individus de ce type), ainsi que d'adaptation, et accentue le respect des règles de la logique.

PSYCHO-PATHOLOGIE : Il y aura danger d'instabilité venant d'un mouvement perpétuel, mais aussi danger de mythomanie.

Le type «MERCURE» donne l'aspiration à une vie de relations, à tout ce qui permet mobilité et déplacement, en particulier les voyages, et dote les individus d'une intelligence rayonnante.

---

1- *Schizoïdie :* Trouble mental générant le repli total sur soi.

4 TYPE VENUS

C'est le TYPE AIR par excellence qui induit le charme, la beauté, la séduction, l'attraction, la communion, la sympathie, l'harmonisation.

Son influence s'exerce sur l'équilibre de l'organisme, la fonction rénale et urinaire ainsi que sur la fonction génitale féminine.

Il donne un tempérament sanguin (voir chapitre XXIII), mêlé parfois de lymphatique. Ni primaire, ni secondaire, il pourra pencher vers l'un ou vers l'autre. Tendance plutôt Emotive-sous Active (d'essence féminine)

MORPHOLOGIE : Elle correspondra au type classique de la BEAUTE (corps bien proportionné, souple et gracieux ; allure générale harmonieuse, légère et élégante ; visage ovale, plein et équilibré dégageant une impression douce, aimable et enjouée).

PSYCHOLOGIE : Vénus est maîtresse de tout l'affectif. Elle règle aussi bien les sensations que les sentiments, la sensualité, le plaisir ou la sympathie...Avec elle, l'être est rempli de joie de vivre et connaît la paix du coeur.

PSYCHO-PATHOLOGIE : Il y aura ici danger de luxure et de délire érotique.

Le type «VENUS» donne l'aspiration à une vie entièrement dominée par le sentiment. L'amour y aura la plus grande importance, les arts et les loisirs seront aussi en bonne place.

5 TYPE MARS

Ici revient un TYPE FEU qui nourrit la passion, la violence, la tension et l'hostilité.

Son influence s'exerce sur la fonction musculaire motrice mais conditionne aussi les traumatismes,les brûlures, les inflammations, la fièvre.

Il donne un tempérament bilieux, à incidence colérique (Emotif-Actif-Primaire) très extraverti, dont le prototype pourrait être le BELIER.

MORPHOLOGIE : Elle exaltera le type du COMBATTANT (corps musclé, athlétique, rude; visage «rétracté-bossué» avec un port de tête viril qui dégage une impression rude, ferme et dominatrice).

PSYCHOLOGIE : Mars est en rapport avec tout ce qui touche l'agressivité et la colère. Selon son aspectation, il déterminera l'énergie virile et la passion enrichissante ou au contraire l'impulsivité destructrice, la brutalité, la tyrannie ou le sadisme.

Avec Mars, c'est avant tout et toujours la «lutte pour la vie».

PSYCHO-PATHOLOGIE : Il y aura danger de manies.

Le type «MARS » signe les passions et les luttes pour la vie, de quelque ordre qu'elles soient. C'est le champion des conquêtes positives réalisées dans l'effort.

6 TYPE JUPITER

Ici revient un type AIR qui gère l'autorité, la cohésion, l'ordre, l'organisation.

Son influence s'exerce sur les fonctions hépatiques et la circulation artérielle essentiellement, mais il joue un rôle aussi dans la pléthore, la congestion, les inflammations et les hypertrophies en tous genres.

Il détermine un tempérament sanguin, avec incidence colérique (Emotif-Actif-Primaire) de sensation extravertie.

Le Jupitérien peut parfois être complexe en réunissant à la fois les caractéristiques du sanguin traditionnel, du colérique (tel que le définit Le Senne) et du type sensation-extravertie (de Jung).

MORPHOLOGIE : Elle relèvera du type du BIENFAITEUR.

PSYCHOLOGIE: Jupiter procure l'épanouissement affectif, l'optimisme, la générosité, la confiance, la bonté, la philantropie. Il favorise le don de soi ainsi que l'ouverture à autrui et à la nouveauté. Il prédispose à la gourmandise.

PSYCHO-PATHOLOGIE Il y aura danger d'hypertrophie du moi et de délire de grandeur.

Le type «JUPITER» assure d'une manière générale les protections et les honneurs, la richesse et le confort.

7 TYPE SATURNE

C'est un type TERRE, avec ici le froid primant sur le sec, plutôt nerveux.

Il règlemente tout ce qui concerne la fixation, la conservation, la condensation aussi bien que l'abstraction et la structuration.

Son influence s'exerce sur le système osseux et l'ouïe, mais aussi sur les asthénies, les carences de toutes sortes, la stérilité, l'impuissance, la sclérose, la paralysie et le vieillissement.

Il peut donner, suivant les aspectations, trois types de tempéraments différents :

- FLEGMATIQUE (non-émotif actif secondaire)

- SENTIMENTAL (émotif non-actif secondaire)

- APATHIQUE (non-émotif, non-actif-secondaire). C'est le type inférieur.

MORPHOLOGIE: Elle évoquera le type PATRIARCHE ERMITE (corps mince et même maigre, osseux, aux formes sèches; visage rétracté dégageant une impression de raideur et de froideur). Le Saturnien fera vieux, même s'il ne l'est pas.

PSYCHOLOGIE : Saturne va gérer la frustation affective, soit dans le sens de l'avidité avec la jalousie, l'ambition, l'égoïsme, la jouissance, la boulimie...soit dans le sens du détachement avec l'indifférence, l'effacement, l'insensibilité, l'ascèse, l'anorexie...Il fait accepter les épreuves et libère de la prison intérieure des passions et des instincts.

PSYCHO-PATHOLOGIE: Il y aura danger de mélancolie et d'atrophie du moi.

En négatif, le type «SATURNE» donnera : privations, restrictions, pertes, renoncements, abandons.

En positif, le type «SATURNE» donnera discipline, effort, responsabilités, élévation intellectuelle et spirituelle.

8 TYPE URANUS

C'est à nouveau un type FEU qui entraîne une hyperindividualisation.

Son influence s'exerce sur les réflexes nerveux convulsifs, les spasmes, les irritations, les indurations et les tumeurs . Il donne un tempérament passionné (Emotif-Actif-Secondaire) qui incline vers l'extraversion.

MORPHOLOGIE : L'allure générale sera plutôt ovoïde.

PSYCHOLOGIE : Pour l'Uranien, il est essentiel et vital de «ne pas être comme les autres» et pour cela il n'hésite pas à sortir des cadres par la révolte ou l'excentricité. Avec lui, on atteint facilement le totalitarisme de l'action et de la passion dans un paroxysme du moi qui lui fera «mettre tous les oeufs dans un même panier». Il refuse les normes et les conventions, il vit dans la recherche perpétuelle de la nouveauté , de l'exceptionnel, du défi, du scandale, de la violence, ce qui finit par en faire souvent un extrémiste. Ce sera «Prométhée» ou «l'apprenti-sorcier»!

PSYCHO-PATHOLOGIE: Il y aura danger d'inflation du moi et de paranoïa.

Le type «URANUS» est le type des «tuiles» ou des coups de chance, des coups de théâtre, des aventures remplies de risques et de péripéties.

9 TYPE NEPTUNE

C'est un type EAU qui gère l'extensivité, le dépassement la contemplation, la communion.

Son influence s'exerce sur les kystes, les fibromes, la gangrène, la fermentation, la contagion, l'invasion microbienne.

Il donne un tempérament Emotif-non-Actif et incline à l'introversion.

MORPHOLOGIE : Elle sera dilatée.

PSYCHOLOGIE: Neptune induit une grande malléabilité, la disponibilité, la réceptivité et une plasticité psychique extrême dont le prototype est le POISSONS.

PSYCHO-PATHOLOGIE: Il y aura danger de confusion mentale dans un mélange inextricable du moi et du non-moi, et en finalité on risquera la schizophrénie.

En négatif, le type «URANUS» donnera les illusions, les mirages, les chimères, le somnambulisme.

En positif, le type «URANUS» donnera la communion avec la force collective et la révélation spirituelle.

## 10 TYPE PLUTON

Très mal défini, c'est surtout au plan de la psychologie qu'il se fait sentir en agissant sur les profondeurs de nos ténèbres intérieures (cf la «queue d'un saurien» de Jung) et en générant, selon la théorie de Freud, les tendances affectives du stade «sado-anal». On en retrouve des traces dans le caractère du SCORPION.

Il donne aussi la conscience de l'invisible, permet la découverte des arcanes sacrés du spirituel et le jeu des métamorphoses-renaissances.

Mais, parallèlement, il entretient aussi les «forces du mal», telles que l'angoisse, la révolte, le sadisme, l'agressivité destructrice. C'est l'aspectation de la planète qui leur donnera un degré plus ou moins fort.

Le type «PLUTON» va donc, selon les cas, influer sur la névrose, la perversité, la destruction et l'auto-destruction, la puissance occulte ou les révélations supérieures.

Madame Liz Greene éminente astrologue psychologue a démontré que les planètes peuvent se diviser en deux groupes : les planètes personnelles et les planètes transpersonnelles.

- Soleil, Lune, Mercure, Vénus, Mars et Jupiter ont une dimension individuelle, révélatrice de l'ego par le Soleil et de l'insconscient personnel par les autres planètes.

- Uranus, Pluton, Neptune sont en adéquation avec l'insconscient collectif, social, historique, politique, religieux.

- Saturne se situe entre la frontière du personnel et du transpersonnel, de l'inconscient personnel et collectif. C'est le «Gardien du Seuil».

## SIGNATURE PLANETAIRE
## et
## APPARENCE PHYSIQUE

Sous réserve de la pureté du type planétaire.

- Type solaire  l'ellipse.
- Type lunaire 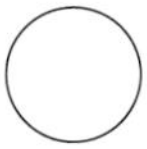 le cercle.
- Type saturnien 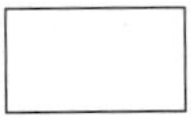 le rectangle.
- Type jupitérien 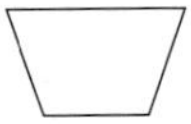 le trapèze.
- Type martien  le carré.
- Type vénusien 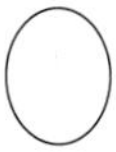 l'ovale.
- Type mercurien 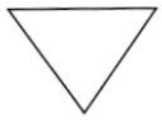 le triangle.

CHAPITRE V

# Les maisons et les aspects

## 1 LES MAISONS ASTROLOGIQUES

Au sein de cette «science sacrée» de première importance qu'est l'astrologie, les «maisons astrologiques» occupent une place prépondérante au même titre que les signes, les planètes, les aspects ou encore les familles de transits. C'est en effet grâce à elles qu'un thème va être personnalisé au maximum et permettre de déceler avec le plus d'exactitude possible ce que sera un individu dans sa réalisation.

Nous savons que la terre accomplit dans le ciel deux mouvements :

- Le premier autour du Soleil en un an de temps sidéral, ce qui détermine la succession des saisons et définit les douze signes du Zodiaque.

- Le second sur elle-même en vingt-quatre heures, mouvement qui se traduit chaque jour par la course du Soleil de l'Est à l'Ouest, rythmant dans le monde l'alternance du jour et de la nuit.

C'est cette course du Soleil qui détermine les douze maisons astrologiques.

L'articulation des maisons et des signes dans un thème astral va représenter l'intégration d'un cycle quotidien de 0 à 24 heures et d'un cycle annuel (du Bélier aux Poissons).

Le zodiaque se décompose en douze maisons astrologiques dont le signifié va apporter un éclairage certain sur le type de connaissance qui aidera la personne concernée à progresser, et à bien vivre ce qu'elle aura à vivre. Pour chacun de nous cette connaissance sera «unique» puisqu'elle le concernera en propre; elle sera, par là même, personnalisée et adaptée aussi bien que fondamentale et pratique.

Chaque maison représente un point fondamental de notre personnalité (douze au total), et chaque point va correspondre à l'un des douze domaines de notre vie terrestre. C'est la précision de l'instant de la naissance, à l'heure et à la minute même du premier cri du bébé, qui va permettre de calculer exactement les maisons de son ciel natal.

L'orientation des énergies et les prédispositions pour telle ou telle activité humaine dépendront de la position de ces maisons. Les instructions et autres directives que l'astrologue pourra donner à son consultant à partir de l'étude qu'il en fera, resteront strictement personnelles et toujours empreintes d'un souci d'évolution et de réalisation, au mieux de ce qui pourra être pour cet individu précis.

Véritable réceptacle des planètes qui s'assemblent ou se contrarient selon les aspects qu'elles reçoivent, les maisons astrologiques portent en elles la représentation de ce que seront notre approche et notre gestion des différents domaines de notre existence terrestre et de notre vie plus globale.

Il faudra tenir compte aussi du signe ascendant qui se détermine avec l'heure de naissance et qui se lève à l'horizon Est du lieu donné à ce moment précis.

N'oublions pas que l'horizon Est est le point de la naissance quotidienne du soleil. Cet «ascendant» permettra de définir la manière dont la personne va se présenter, en même temps que son rapport aux autres. L'importance n'en est pas négligeable.

On considèrera aussi, mais de façon moindre, le signe descendant qui correspond au point du coucher du soleil, ainsi que le milieu du ciel, qui est l'endroit où culmine le soleil à 12h et le fond du ciel qui est l'endroit où le soleil est le plus bas.

Ainsi, pour quelqu'un né à l'aube, Soleil et Ascendant seront dans le même signe; pour quelqu'un né à midi, le soleil se trouvera avec le milieu du ciel et pour quelqu'un né à 24h, il se trouvera avec le fond du ciel.

L'interaction signes, maisons, planètes, aspects va déterminer des actions, positives ou négatives, des états particuliers propres à chaque individu.

Douze secteurs de l'existence sont donc à considérer, chacun à travers la signification de la maison correspondante.

- MAISON 1 Maison de l'Ascendant et du «Moi».

Maison cardinale, de FEU, en analogie avec la planète MARS et le signe du BELIER.

C'est elle qui révèle l'identité propre à chacun de nous. Le «Moi» est ici face à lui-même et dans son expression, tant au niveau de son rapport au corps qu'à celui de la manifestation de sa personnalité.

Dans cette maison 1 sera aussi décelable la manière dont nous établirons le contact avec les autres et dont nous existerons aux yeux de tous. Tout ce qui sera le plus «visible» dans notre comportement se retouvera ici.

- MAISON 2 Maison de la matérialité.

Maison fixe, de TERRE, en analogie avec le signe du TAUREAU et la planète VENUS.

C'est elle qui concerne l'argent, les biens, les besoins et les moyens du sujet. Dans le prolongement direct de la maison 1, elle va indiquer comment nous allons nous y prendre pour acquérir des biens, ce que nous allons en faire et avec quels moyens. Elle donne un cliché de la personne face aux choses matérielles de la vie, une évaluation de son potentiel de développement pour se donner les moyens d'avoir des biens et de gérer sa vie en conséquence, de se constituer, par exemple, une fortune personnelle, même en partant de rien. C'est tout le rapport au monde de l'argent et au pouvoir de vie qui en découle, qui sera ici envisagé.

- MAISON 3 Maison du mental et de la communication.

Maison mutable, d'AIR, en analogie avec le signe des GEMEAUX et la planète MERCURE.

C'est elle qui informe sur notre capacité à évoluer au milieu des autres, à les rencontrer et à nous découvrir en les découvrant. Elle dit encore comment pourront se dérouler nos échanges intellectuels en fonction de la façon dont nous stimulerons et animerons notre intelligence, c'est-à-dire cette part de nous-même qui nous a été donnée pour comprendre, pour aller au fond des choses afin d'y trouver la connaissance. Ici, l'intelligence est surtout pratique. A la maison 3 est rattachée aussi la notion de mobilité, de petits déplacements, de communication avec les proches (frères et soeurs surtout, amis intimes...) et de diplomatie.

- MAISON 4 Maison du «domicile» et du rapport au passé.

Maison cardinale d'EAU, en analogie avec le signe du CANCER et la LUNE.

C'est elle qui permet de savoir où nous en sommes par rapport à nos bases familiales et personnelles, à notre passé et comment nous allons nous servir de ce vécu pour gérer notre présent et construire notre futur. Il va s'agir ici d'opérer un retour sur soi pour mieux aller de l'avant, en tenant compte de l'impact du milieu familial, parental d'abord, puis conjugual, dans ce processus de croissance. Et à travers cette croissance on va assurer son pouvoir personnel.

- MAISON 5 Maison de la créativité, du jeu et des amours.

Maison fixe, de FEU, en analogie avec le signe du LION et le SOLEIL.

C'est elle qui révèle nos capacités à bien exploiter notre pouvoir personnel (amorcé en maison 4) à travers notre vie amoureuse, notre créativité et le plaisir que nous pourrons en obtenir. Ici s'extériorise tout ce qui était en gestation dans l'être et celui-ci se révèle à travers ce qui peut lui apporter du plaisir.

La maison 5 concerne aussi le rapport aux enfants et à tout ce qui peut permettre de transmettre quelque chose de soi-même, en faisant vivre ou en enseignant.

- MAISON 6 Maison du quotidien, de la santé et du travail.

Maison mutable, de TERRE, en analogie avec le signe de la VIERGE et la planète MERCURE.

C'est elle qui nous situe face au monde domestique, c'est-à-dire à nos tâches et contraintes quotidiennes, à tout ce qui va peut-être entraver l'élan de créativité de la maison 5 pour nous faire prendre en compte la réalité. Notre capacité à assumer et à bien réagir y sera évaluée, et, par là aussi, les fluctuations de notre santé. Nous entreverrons ici comment nous réagirons instinctivement face aux exigences et autres obligations ou difficultés qui entraveront nos aspirations initiales.

L'énergie mercurienne présente dans cette maison pourra être une aide précieuse à notre questionnement et à nos réactions.

Ici s'inscrit une nouvelle économie du comportement.

- MAISON 7 Maison de la relation personnelle à l'autre dans l'union ou l'association.

Maison cardinale, d'AIR, en analogie avec le signe de la BALANCE et la planète VENUS.

C'est elle qui nous renseigne sur ceux avec lesquels nous avons choisi d'oeuvrer et d'avancer dans une relation personnelle affective (conjoint) ou professionnelle (associés, clientèle), et elle nous révèle l'image que nous en avons. Ici notre Moi rencontre le Moi de l'autre pour s'unir à lui ou s'associer avec lui et parvenir à une réalisation qui ne peut se faire si on reste seul. Nous allons percevoir comment notre Moi va intégrer l'autre dans la relation et dans quelle mesure l'équilibre pourra être trouvé. Il y a, dans cette maison aussi, la part de l'idéalisation sans que chacun perde sa conscience, condition d'unité, et la part de la justice à travers la nécessité d'équilibre des plateaux de la BALANCE. C'est dans l'association équilibrée que désormais la progression de chacun va se faire.

- MAISON 8 Maison du changement et de la mort.

Maison fixe, d'EAU, en analogie avec le signe du SCORPION et les planètes MARS et PLUTON.

C'est elle qui définit notre approche de la mort (tant physique que morale) et de tout changement qui, dans l'existence, entraîne la «mort» de ce qui précédait.

C'est la maison des crises et des bouleversements pour franchir les grandes étapes de notre évolution, en mourant à certaines habitudes et en révélant, en même temps, notre capacité à renaître pour progresser à une autre dimension. On a coutume d'y rattacher aussi tout ce qui concerne les héritages, les legs, l'argent du conjoint, ou encore la sexualité en tant que pouvoir mis au service de l'union (réalisée en maison 7) qui, elle-même, en enrichit la qualité.

C'est enfin la maison de la morale qui, loin de vouloir nous détruire, veut nous inciter à dépasser le Moi limité que nous connaissons (depuis la maison 1) pour parvenir à la découverte de cet inconnu de nous qui nous attend dans la réalisation même de ce dépassement.

Il nous faut savoir mourir à nous-mêmes pour mieux renaître à nous-mêmes, transcendés par le passage à une autre dimension de conscience et de vie.

- MAISON 9 Maison de la connaissance intellectuelle et spirituelle.

Maison mutable, de FEU, en analogie avec le signe du SAGITTAIRE et la planète JUPITER.

C'est elle qui nous invite au voyage, celui qui nous entraînera loin, très loin de ce que nous connaissons. Ce peut être le grand voyage matériel, à l'étranger, autour du monde, pourquoi pas, à la découverte de terres et de civilisations différentes, insoupçonnées parfois; mais ce peut être aussi le voyage spirituel, grand voyage s'il en est, qui nous conduira à la «connaissance», quête initiale et essentielle de tout individu.

La maison 9 sera donc, en grande partie, la maison de la pensée et du spéculatif; en elle seront marqués nos investissements intellectuels, notre dimension philosophique et religieuse, notre capacité à «comprendre» ce qui nous entoure et par là à «connaître», donc à faire évoluer notre conscience à laquelle le savoir ne suffit pas.

On y retrouvera aussi, avec les aspirations supérieures, tout ce qui peut faire partie du domaine de l'intuition, voire la prédisposition à la médiumnité.

- MAISON 10 Maison de la carrière et du statut social.

Maison cardinale, de TERRE, en analogie avec le signe du CAPRICORNE et la planète SATURNE.

C'est elle qui indique comment nous allons réaliser notre vocation, quelle position sociale et quelle réputation nous vaudra notre carrière, quelle sera notre capacité d'ascension et d'épanouissement au sein de notre milieu professionnel. On y trouvera aussi le rapport aux Institutions et nos aptitudes à transformer ce que nous portons en nous ou ce qui nous est donné pour réussir dans la voie que nous aurons choisie. Ici, en effet, il ne s'agit plus de tâches imposées comme dans la maison 6, mais d'un travail désiré, recherché auquel nous pouvons être capables de donner le meilleur de nous-mêmes.

Selon la présence et la position des planètes dans cette maison natale, il sera possible de prévoir l'orientation socio-professionnelle et les facilités ou difficultés auxquelles nous pourrons nous attendre.

Il arrive encore qu'on rattache à cette même maison 10 la notion de standing (qui va avec la réussite sociale), de savoir-vivre, d'autorité (en particulier dans une certaine recherche d'exercice du pouvoir). Elle touche en fait tout ce qui concerne la vie publique.

- MAISON 11 Maison des projets, de l'amitié, de la fraternité.

Maison fixe, d'AIR, en analogie avec le signe du VERSEAU et la planète URANUS.

C'est elle qui nous met face à notre démarche de projet dans laquelle pourra se déployer la générosité et le sens de la fraternité pour parvenir à la véritable communication avec les autres. Ces autres ainsi positionnés seront aussi bien le réseau relationnel au sens large, que des amis plus ciblés (mais pas intimes. Ceux-ci sont en maison 3), ou encore des protections. Car la maison 11 est aussi celle des protections tant terrestres qu'extra ou supra terrestres. Ici, il s'agit d'être en accord avec le projet de l'univers et d'avancer dans l'échange et la solidarité. De la qualité de cet accord découlera la qualité de nos amitiés, leur solidité aussi. Et tout cela contribuera à notre bonheur dans la mesure, bien sûr, où nous le réussirons. N'oublions pas enfin qu'on rattache encore le piquant et la finesse d'esprit à cette même maison 11.

- MAISON 12 Maison des grandes épreuves de la vie et du bilan de l'existence.

Maison mutable, d'EAU, en analogie avec le signe des POISSONS et la planète NEPTUNE.

C'est elle qui recèle le caché, l'inconscient et le lot de rigidités, de scories ou autres habitudes qui l'habitent. Il faut accepter de regarder en face nos expériences, d'en abandonner ce qui n'a plus de raison d'être et d'en garder le meilleur pour en réaliser de nouvelles. C'est l'heure de la libération du passé à travers les épreuves qui varieront en fonction de notre croissance, de notre capacité à évoluer.

Voilà pourquoi on y trouve aussi bien les maladies graves ou chroniques avec hospitalisation, l'exil (volontaire ou non), la captivité, les vices ou ennemis cachés, la claustration, les crimes ou suicides, les renoncements, les sacrifices etc...L'évolution intérieure y a, bien sûr, également sa place.

En maison 12, nous nous trouvons face à notre destin. Et dans tout ce qui doit ici se dissoudre ou se détruire, il ne faut voir que le moyen de libération qui nous permettra d'être «neuf» pour un redémarrage.

D'autres expériences sont à faire, à nous de savoir abandonner un passé révolu après avoir achevé la tâche impartie et de savoir maintenant nous ouvrir aux nouvelles propositions de vie qui nous sont faites. Par là, nous découvririons l'Amour universel dans toute sa dimension. Sachons donc ici débusquer et arracher si nécessaire ce qui est le plus profondément enraciné en nous. Dépouillons «le vieil homme» qui est en nous pour devenir cet «homme nouveau» qui s'élancera vers sa renaissance. La maison 12 offre cette possibilité à travers le véritable examen de conscience qu'elle nous impose dans un impitoyable face-à-face avec soi-même. N'oublions pas que nous portons en nous la clé de notre devenir. Il faut bien conclure pour bien redémarrer.

Dans l'examen et l'interprétaton des maisons astrologiques, on utilise en général les axes opposés qui ont des significations parallèles :

Maison 2 TAUREAU ----------> Maison 8 SCORPION
Argent venant de soi et venant de l'autre.

Maison 3 GEMEAUX ---------> Maison 9 SAGITTAIRE
Petits déplacements et grands voyages.

Maison 6 VIERGE ----------> Maison 12 POISSONS
Petites maladies et grandes épreuves.

Font exception :
L'axe Maison 1 BELIER ----------> Maison 7 BALANCE
Soi et l'autre.

Et
L'axe Maison 4 CANCER ----------> Maison 10 CAPRICORNE
Le foyer et la vie publique.
Qui peuvent se révéler complémentaires ou antagonistes.

2 LES ASPECTS

Ils constituent un des facteurs de première importance à considérer pour réaliser l'interprétation correcte d'une carte du Ciel.

On nomme ASPECT l'écart angulaire, évalué en longitude sur l'écliptique, entre deux planètes ou autres points de la roue zodiacale tels qu'Ascendant ou Milieu du Ciel, considérés l'un et l'autre comme angle principal.

Les aspects ont un rôle primordial dans la mesure où ils vont exprimer les tendances animatrices de l'individu.

Nous savons que chaque astre a une spécificité, une fonction intrinsèque, une expression qui lui est propre. Au fil de la marche de ces corps célestes, la disposition des uns et des autres et l'écart angulaire entre eux vont inévitablement varier. Et c'est l'inter-relation d'un astre avec un autre par le biais de l'aspect positif ou négatif alors établi, qui va créer soit une dynamique, soit une problématique pour l'individu concerné. Cela peut toucher différents plans : physiologique, psychologique,relationnel, professionnel...

Par exemple dans le cadre d'une relation d'affaires, les mêmes personnes pourront devenir des associés du sujet si l'aspect est positif, donc s'il engendre une dynamique, tout autant qu'elles deviendront des ennemis du sujet, si l'aspect est négatif et engendre une problématique.

Dans la nature, nous retrouvons l'action de ces mêmes aspects au niveau des marées. Celles-ci sont régies par l'interaction (aspect) des deux luminaires que sont la Lune et le Soleil.

- Les marées hautes ont lieu lors des conjonctions et oppositions Lune/Soleil. Les effets d'attraction s'ajoutent à ce moment précis où le soleil, la lune et la terre se trouvent sur le même plan (effet parallèle)

- Les marées basses ont lieu lors des aspects de quadrature. Les deux faces Lune/Soleil se trouvent alors en directions perpendiculaires et se neutralisent l'une l'autre.

Marées hautes

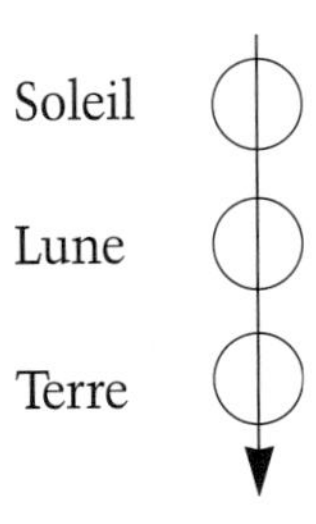


Attraction

Marées basses

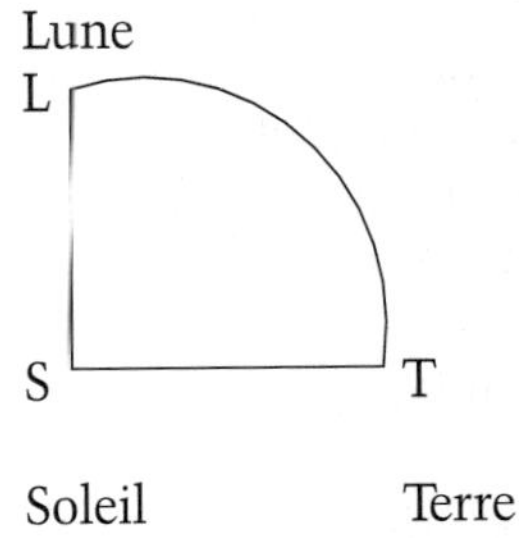


Contraction

Il faut considérer les aspects selon leur nature. Ils sont au nombre de neuf, répartis en catégories majeures et mineures

Voici la liste de ces neuf aspects avec les écarts angulaires et le symbolisme de chacun d'eux :

| | |
|---|---|
| 0° | CONJONCTION |
| 30° | SEMI-SEXTILE |
| 45° | SEMI-CARRE |
| 60° | SEXTILE |
| 90° | CARRE ou QUADRATURE |
| 120° | TRIGONE |
| 135° | SESQUI-CARRE |
| 150° | QUINCONCE |
| 180° | OPPOSITION |

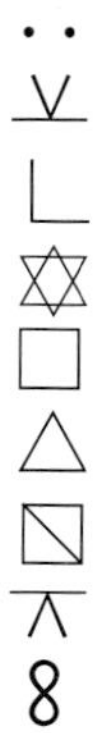

Les aspects primordiaux sont les ASPECTS MAJEURS.

1 LA CONJONCTION

Elle naît de la rencontre de deux planètes en un même point longitudinal du zodiaque. Alors, chacune des deux planètes «conjointes» se teinte de la nature de l'autre, nature intrinsèque ou acquise. Si ces deux astres sont en affinité, l'union (conjonction) sera heureuse, si par contre ils se révèlent antagonistes, alors l'union (conjonction) sera malheureuse.

Par exemple : les conjonctions Vénus/Jupiter, Lune/Vénus, ou encore Soleil/Jupiter sont très favorables.

Mais une conjonction Soleil/Saturne freine l'ego, une conjonction Lune/Mars provoque une rupture de l'émotionnel, une action mal dirigée. Une conjonction Vénus/Saturne engendre un affectif mal vécu et induit la solitude. Toutes ces conjonctions sont défavorables et très difficiles au plan du vécu.

2 L'OPPOSITION 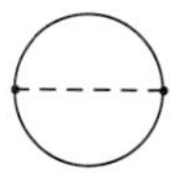 180°

Aspect négatif de 180° dans lequel les astres se font face, en position de lutte, d'affrontement, de rivalité. Ils sont dissonants. Ici, il n'est plus question pour l'un ou l'autre de se teinter de la nature de son vis à vis ; bien au contraire, chaque planète garde jalousement sa spécificité, sa qualité propre qu'elle oppose systématiquement et sans compromission à son antagoniste. Les difficultés qui en découleront pour l'individu concerné seront inévitables.

Par exemple : si Jupiter, planète de l'expansion, se trouve en opposition à Saturne, planète du mental et de l'introspection, le sujet souffrira d'une indécision due à son mental qui freinera à l'excès toute initiative ou déterminera et suscitera de multiples peurs dénuées, au demeurant, de véritable raison d'être.

De même, si Vénus, planète de l'affectivité et de la féminité, se trouve en opposition à Mars, planète de l'action et de la virilité, c'est toute relation affective qui se révèlera difficile à vivre.

3 LE CARRE 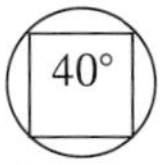


Aspect négatif de 90° entre deux planètes. Ici les astres ne s'opposent plus, ils se contrecarrent et réduisent leurs forces jusqu'à finir par s'anihiler. Cela risque de générer des déséquilibres importants chez le sujet.

Ainsi, par exemple, si Saturne, planète du mental et de l'introspection, se trouve en carré à Mercure, planète de la communication, il s'en suivra, pour la personne concernée, une non-conciliation entre la verbalisation et la pensée, ce qui sera très difficile à vivre.

Dans l'opposition et le carré, l'individu vit un réel déséquilibre dans son comportement et cela peut aller jusqu'à une véritable désadaptation d'avec le réel auquel il est confronté. Par réaction, un conflit intérieur douloureux et pernicieux risque de s'installer. Seule la valorisation de l'être, fruit d'un subtil travail d'éveil de la conscience intérieure, pourra sublimer cet aspect négatif.

4 LE TRIGONE 

Aspect positif à 120°.Considéré comme particulièrement bénéfique.

5 LE SEXTILE 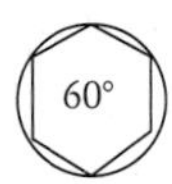


Aspect positif à 60°. Considéré lui aussi comme tout à fait bénéfique.
A travers ces deux aspects, Trigone et Sextile, les tendances de chaque planète en correspondance se renforcent et se complètent dans le bon sens. L'individu concerné va pouvoir vivre harmonieusement ces tendances dans leur complémentarité et avec toute leur efficacité. Elles favoriseront son adaptation naturelle à la vie.

Trigone et Sextile sont donc reconnus comme des aspects harmoniques.

A côté de ces «aspects majeurs» en existent d'autres de moindre importance, dits «aspects mineurs».

Leur valeur est atténuée par rapport à celle des précédents.
Ces «aspects mineurs» sont :
- Le Semi-Sextile (30°)
- Le Semi-carré (45°)
- Le Sesqui-carré (135°)
- Le Quinconce (150°)

Ils exercent les mêmes actions d'harmonie ou de dissonance que les aspects majeurs, mais leur force étant plus faible, les effets en seront amoindris.

On considère comme positifs, donc générateurs d'harmonie, le Semi-Sextile et le Quinconce, tandis que le Semi-Carré et le Sesqui-Carré sont considérés comme négatifs, donc générateurs de dissonances.

Chaque aspect de chaque planète a une zone d'influence de plusieurs degrés en partant de son point initial. Il s'agit de l'ORBE que la Tradition appelait «ORBE de LUMIERE» et dont l'amplitude peut varier en fonction de la planète considérée.

On octroie généralement les orbes suivants :
- 10° pour la conjonction.
- 9° pour l'opposition.
- 8° pour le trigone.
- 6° pour le carré.
- 4° pour le sextile.
- 2° pour chacun des aspects mineurs.
(Semi-Sextile, Semi-carré, Sesqui-carré, Quinconce)

Comment reconnaître ces divers aspects sur la carte du Ciel ? C'est relativement simple :

- Les aspects dissonants sont indiqués par un trait rouge, plein ou en pointillé.

- Les aspects harmonieux sont indiqués par un trait bleu.

Attention ! Il ne faut pas interpréter comme une fatalité négative inéluctable les aspects dissonants d'un thème astral. Ce serait une grave erreur. En effet, eux seuls vont permettre à l'homme de dépasser sa problématique d'origine dans la connaissance profonde de ses tendances, et, par là, de se réaliser pleinement. Sans dissonances à la base, il ne pourrait y avoir évolution. Or nous sommes tous appelés à évoluer, c'est là l'enjeu primordial de notre vie terrestre.

La manifestation de l'aspect doit tenir compte de la personnalité des planètes qui le créent ainsi que des maisons(ou secteurs de vie) qui abritent ces dernières.

Maisons et aspects vont se trouver étroitement liés pour permettre de parvenir à la plus grande précision dans la lecture de la carte du Ciel ainsi que dans son interprétation.
La maison astrologique va déterminer le domaine d'action de l'aspect, autrement dit elle va aider à établir dans quel secteur de la vie son influence va s'exercer.

Par exemple : Une opposition Mars/Vénus dans les maisons 7/1 peut indiquer une rupture d'union ou des difficultés dans une association, puisque la maison 1 représente le sujet, la maison 7 représente l'union et les associations, Mars symbolise les ruptures et Vénus symbolise l'amour.

Il sera donc particulièrement important de bien déterminer d'entrée le jeu des planètes et de leurs aspects ainsi que les maisons dans lesquelles elles se meuvent. C'est là la clé d'une bonne interprétation.

SYMBOLE des DOUZE SIGNES
du
ZODIAQUE

| | | | |
|---|---|---|---|
| BELIER | ♈ | BALANCE | ♎ |
| TAUREAU | ♉ | SCORPION | ♏ |
| GEMEAUX | ♊ | SAGITTAIRE | ♐ |
| CANCER | ♋ | CAPRICORNE | ♑ |
| LION | ♌ | VERSEAU | ♒ |
| VIERGE | ♍ | POISSONS | ♓ |

SYMBOLE des PLANETES

| | | | |
|---|---|---|---|
| SOLEIL | ☉ | JUPITER | ♃ |
| LUNE | ☽ | SATURNE | ♄ |
| MERCURE | ☿ | URANUS | ♅ |
| VENUS | ♀ | NEPTUNE | ♆ |
| MARS | ♂ | PLUTON | ♇ |
| LUNE NOIRE | ⚸ | NOEUD NORD | ☊ |
| | | NOEUD SUD | ☋ |
| PART DE FORTUNE | ⊗ | | |

## LES SITUATIONS PLANETAIRES
## DANS LES SIGNES

On distingue quatre types de situation planétaire. Le domicile, l'exaltation, l'exil, la chute.

- Le domicile : traduit l'expression maximale positive de la planète.

- L'exaltation : apporte une position favorable. Elle est atténuée par rapport au domicile.

- L'exil : est le lieu opposé au domicile. La planète perd de son énergie, elle se charge en négatif.

- La chute : comme l'exil reste une situation défavorable et négative.

| PLANETES | DOMICILE | EXALTATION | EXIL | CHUTE |
|---|---|---|---|---|
| Soleil | Lion | Bélier | Verseau | Balance |
| Lune | Cancer | Taureau | Capricorne | Scorpion |
| Mercure | Gémeau | Vierge | Sagittaire | Poissons |
| Vénus | Taureau<br>Balance | Poissons | Scorpion<br>Bélier | Vierge |
| Mars | Bélier<br>Scorpion | Capricorne | Balance<br>Taureau | Cancer |
| Jupiter | Sagittaire | Cancer | Gémeau | Capricorne |
| Saturne | Capricorne | Balance | Cancer | Bélier |
| Uranus | Verseau | Scorpion | Lion | Taureau |
| Neptune | Poissons | Lion | Vierge | Verseau |
| Pluton | Scorpion | Bélier | Taureau | Balance |

VITESSE des PLANETES
dans le ZODIAQUE

| | |
|---|---|
| SOLEIL | 365 / jours |
| LUNE | 28 à 29 jours |
| MERCURE | 365 jours répartis sur 88 jours rétrograde[1] |
| VENUS | 365 jours répartis sur 225 jours rétrograde |
| MARS | 1 an et 322 jours |
| JUPITER | 11 an et 315 jours. |
| SATURNE | 29 ans et 167 jours |
| URANUS | 84 ans et 7 jours (7 ans par signe) |
| NEPTUNE | 164 ans et 280 jours (14 ans par signe). |
| PLUTON | 248 ans et 157 jours (20 ans par signe). |

1- *Rétrograde* : Mouvement apparent des planètes en sens inverse de son sens initial

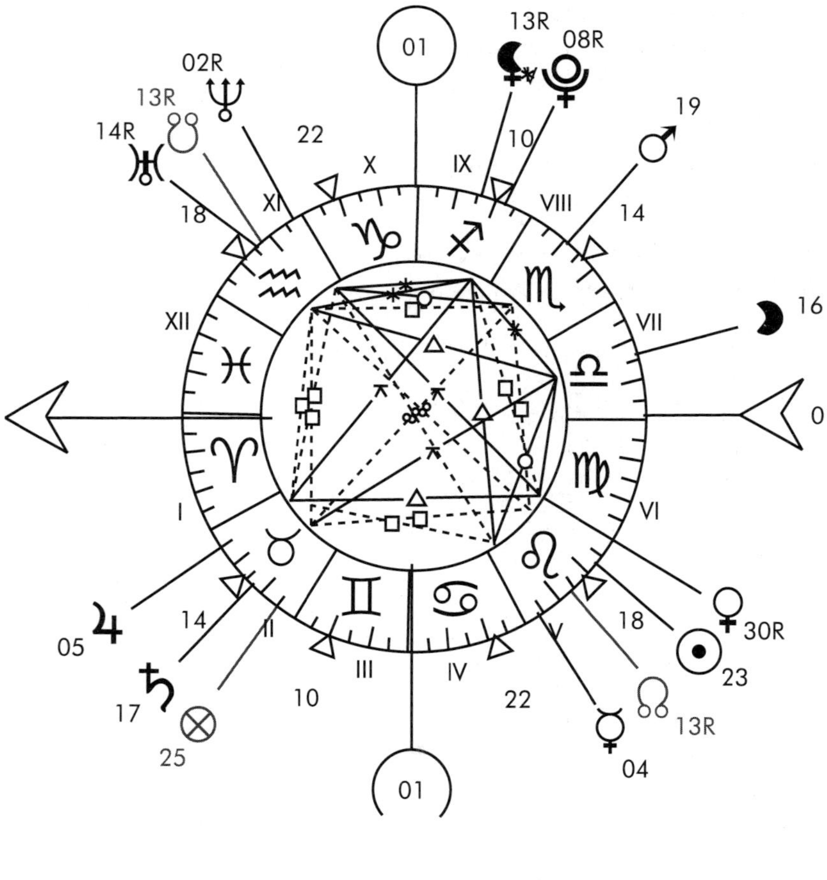
01
13R
08R
02R
13R
14R
22
X
IX
10
19
XI
18
VIII
14
16
XII
VII
01
I
VI
05
14
II
18
30R
23
17
III
IV
10
22
V
13R
25
04
01

Thème natal

| Forces | Volguine (le Maître de Nativité) | pts |
|---|---|---|
| ♂ | | 29 |
| ☽ | | 22 |
| ☉ | | 16 |
| ♃ | | 13 |
| ☿ | | 11 |
| ♄ | | 11 |
| ♅ | | 10 |
| ♇ | | 8 |
| ♆ | | 2 |
| ♀ | | -1 |
| | | |
| Fixe | | 91 |
| Cardinal | | 22 |
| Mutable | | 8 |
| | | |
| Feu | | 34 |
| Air | | 34 |
| Eau | | 29 |
| Terre | | 24 |

Tableau récapitulatif des forces planétaires

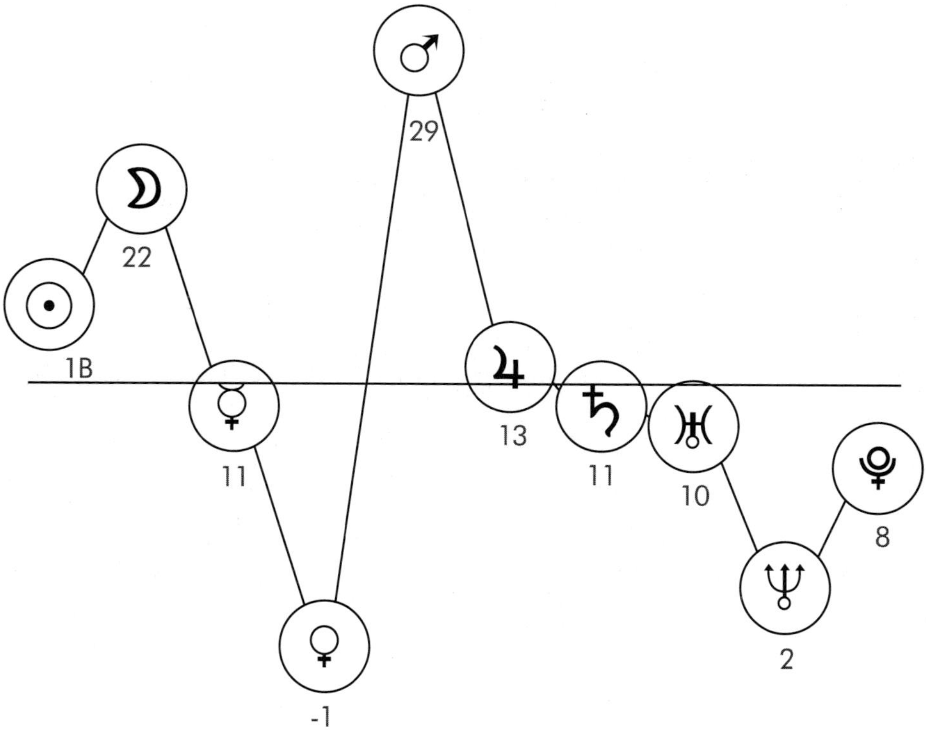


Les Forces planétaires

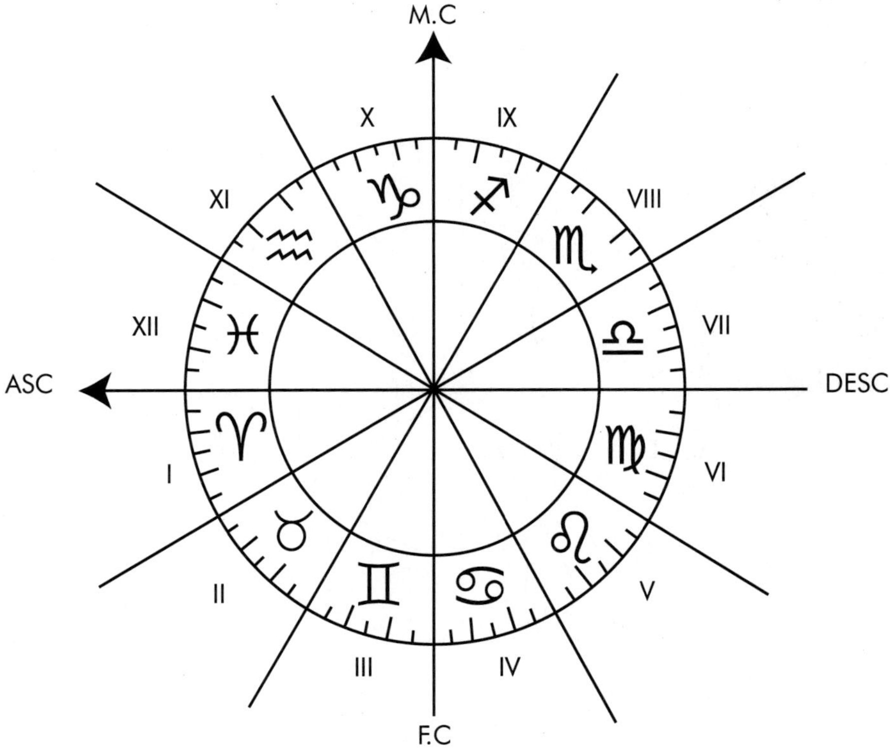


les Maisons

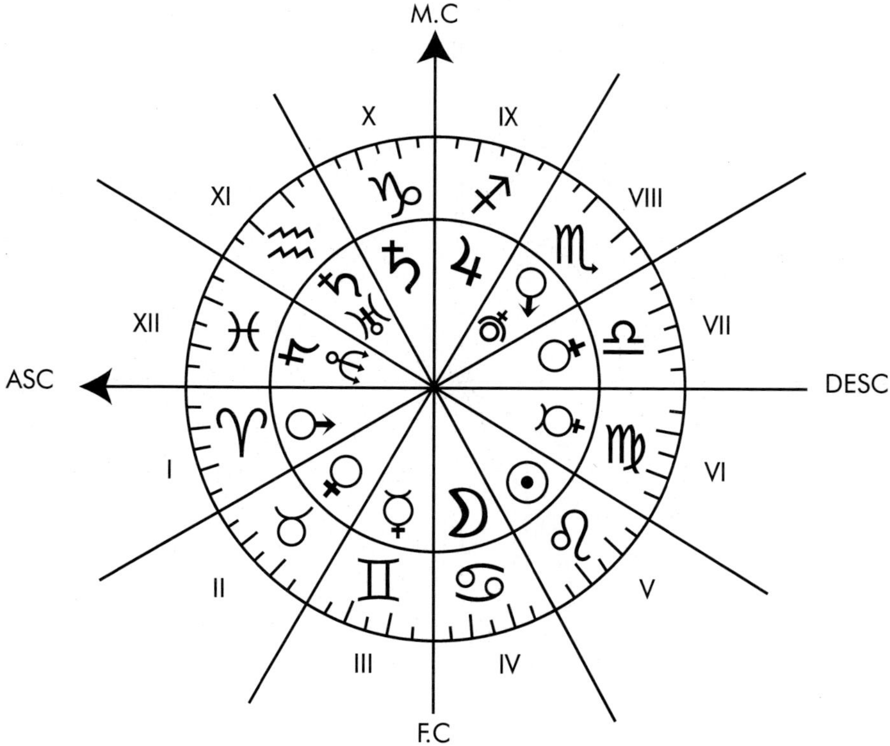


les Planètes

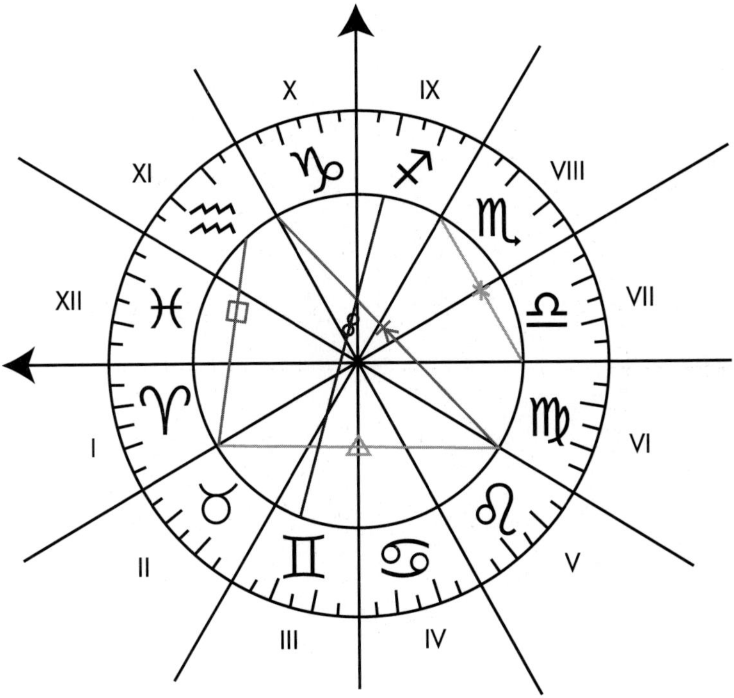


les Aspects

CHAPITREVI

# La vie, l'être humain et le zodiaque

L'étude d'un thème astral de naissance permet de remonter jusqu'à la conception de l'individu et de mieux comprendre tout le processus de sa formation foetale.

Que n'a-t-on pas écrit et dit sur « la vie avant la vie », cette période de gestation de neuf mois durant laquelle tout va se mettre en place pour que vienne au monde un petit être «achevé», prêt à se lancer dans la grande aventure qui le mènera à son épanouissement terrestre et lui permettra de fleurir là où il aura été semé !

Science parmi les sciences, l'astrologie peut apporter aussi sur ce sujet un éclairage, inattendu peut-être, mais particulièrement intéressant.Certains milieux admettent spontanément l'influence des planètes sur la formation du foetus.

Chaque planète majeure va jouer son rôle à un moment bien déterminé et dans des domaines bien précis, en lien direct avec les caractéristiques qu'on lui attribue.

C'est ainsi que :

- LE PREMIER MOIS , SATURNE met en route la conception et veille à sa bonne marche. C'est cette planète qui va en induire le bon déroulement et mettre en place tous les facteurs les plus favorables. Des grossesses difficiles à provoquer ou présentant par la suite de plus ou moins gros problèmes peuvent être dues à une mauvaise aspectation de Saturne au moment de la conception.

- LE DEUXIEME MOIS , JUPITER transmet sa chaleur et son imprégnation humide. Il va installer le foetus dans ce milieu protégé qui va lui permettre de se «construire» peu à peu jusqu'au terme où il sera prêt à « venir au monde ».

- LE TROISIEME MOIS, JUPITER encore façonne le corps humain. C'est lui qui va le modeler, lui donner sa forme «essentielle[1]» et le marquer de son empreinte. C'est de lui que viendra la force profonde de la vie émanant tout droit de la force divine.

- LE QUATRIEME MOIS, LE SOLEIL donne l'énergie vitale au coeur. Il déclenche ainsi le processus de vie proprement dit, il «met la machine en route», il provoque les premiers battements de ce qui sera le «moteur» de la personne humaine en préparation.

- LE CINQUIEME MOIS, VENUS prend le relais pour façonner le futur bébé sur le plan esthétique et agit principalement au niveau du visage, des pieds et des mains.

- LE SIXIEME MOIS, MERCURE surveille la bonne mise en place des organes de communication et des sens : les yeux, les oreilles, les cordes vocales en particulier. Il a une influence aussi sur la capacité de compréhension et d'adaptation.

- LE SEPTIEME MOIS, LA LUNE, en cohabitation avec MERCURE et VENUS, peaufine le petit être pour lui apporter la connaissance élémentaire de la vie sociale. Elle installe aussi en lui la réceptivité, l'imagination et la mémoire.

- LE HUITIEME MOIS, SATURNE freine le bébé dans son engouement à vouloir naître et lui apprend, par là, les notions de patience et d'endurance auxquelles viendront s'ajouter celles de constance et de prudence. Il mettra en lui la capacité de savoir prendre son temps pour faire les choses comme il faut. Dans les cas de naissances prématurées avant le huitième mois ou au tout début de celui-ci, l'individu pourra se trouver déficient au plan de ses facultés naturelles et aura du mal à gérer plus tard toute situation nécessitant de sa part patience, constance ou endurance.

- LE NEUVIEME MOIS, JUPITER vérifie que les dernières évolutions ont été effectuées et que la cohésion de l'être est au point pour que puisse se faire la venue dans le monde. C'est alors LA NAISSANCE, déclenchée par la «coïncidence» de la distribution astrale du moment et du destin que celui qui va naître aura à réaliser.

A partir de ce moment-là, le DESTIN de l'être est inscrit dans le ciel.

---

1- *Essentiel* : relatif à «l'essence » de l'être, c'est-à-dire à ce qui constitue sa nature même, indépendamment de tout facteur d'existence ou d'environnement. Ce qui lui est propre et unique, qui entre dans la composition de son essence.

CHAPITRE VII

# L'enfant et l'astrologie

Du jour de sa naissance au jour de sa mort, l'individu va évoluer et passer par différents stades de durée variable, régi chacun par une planète qui en déterminera les caractéristiques.

1 STADE LUNAIRE : DE 0 A 28 JOURS

C'est le stade le plus bref, celui de la mise en place dans «l'humanité». La dualité n'existe pas encore. C'est la période de la confiance primitive pleine et entière.

2 STADE MERCURIEN : DE 1 A 3 MOIS

C'est le stade de l'éveil, celui où se développe la curiosité pour le monde extérieur, la véritable prise de contact avec l'environnement immédiat. Qui n'a pas dans l'oreille la constatation extasiée de tel proche devant un nouveau-né à cette période : «comme il (elle) est éveillé(e) pour son âge ! !...»? Rien d'étonnant à cela, en vérité, puisque le bébé s'ouvre déjà le plus naturellement du monde aux joies de la communication. On pourrait dire que, quelque part, c'est aussi le «stade bavard».

La mère et l'enfant sont en contact étroit et passent beaucoup de temps ensemble. La relation est privilégiée et, de ce stade, le bébé gardera le goût de se manifester, de communiquer. Il tirera le plus grand profit de ce «bain de langage» dans lequel il se trouve déjà plongé.

Et si, dans le thème, Mercure est dominant, cette période en sera d'autant plus forte et d'autant plus marquante pour la personnalité en construction. N'oublions pas que c'est la planète des contacts et de la communication sous toutes ses formes.

## 3 STADE VENUSIEN : DE 3 A 7 MOIS

C'est maintenant le stade émotionnel où le petit être passera du rire aux larmes sans apparemment de motif véritable. Sourire, pleurs et rire alterneront pour séduire, pour capter l'attention et attirer les câlins. C'est très important pour l'équilibre de l'enfant et il ne faut surtout pas le négliger. Pas plus qu'il ne faut faire la sourde oreille lorsqu'il pleure à 6 mois. C'est le seul moyen dont il dispose pour communiquer les émotions qui l'assaillent et dans lesquelles il se sent un peu perdu. Il est essentiel de savoir entendre cet appel qu'il lance à son entourage pour que celui-ci participe à ses émotions. Plus tard, il sera dans l'impossibilité de communiquer par l'émotion, le mental[1] interviendra pour mettre ses barrières, ses scrupules et autres formes d'interdits, de crainte ou de fausse pudeur. C'est maintenant que l'échange émotionnel est possible dans toute son authenticité aussi il ne faut pas manquer ce rendez-vous sous peine de le rendre à jamais impossible.

Le bébé découvre là, tout à coup, la possibilité de maîtriser un langage susceptible de toucher autrui par le biais des émotions. Il fait l'expérience de la «communication de ses affects[2]» et entre dans l'univers troublant de la sensorialité, autrement dit dans le «stade du palpeur».

S'il est très marqué par cette fonction vénusienne, en particulier si Vénus est très influente dans son ciel natal, alors il continuera dans ce sens et cherchera toute sa vie à «manipuler» ses proches par contagion émotionnelle. Ce sera son arme séductrice de prédilection.

## 4 STADE SOLAIRE : DE 7 MOIS 1/2 A 1 AN

C'est le stade où le bébé va se découvrir capable de polariser l'attention et il va en profiter. Il va sentir son image reflétée par autrui et, plus ou moins consciemment, il va refaire les gestes «accrocheurs» par lesquels il sait attirer ceux qui sont à côté de lui. Il va, en quelque sorte, «se donner en spectacle» pour le seul bonheur d'être le centre de son monde et de sentir qu'on s'intéresse à lui, à ce qu'il représente, à ce qu'il est. C'est l'âge de «l'auto-estimation» où le petit être flirte avec l'IDEAL dans lequel il se projette instinctivement.

---

1- *Mental* : Expression du psychisme dans ses différentes articulations de raisonnement.
2- *Affects* : Ensemble des états affectifs pulsionnels et inanalysables.

Sa mère est l'élément de référence, le centre de son univers. C'est elle qui va cristalliser toute son attention et c'est à elle qu'il va s'identifier dans le mystère de cette relation unique et si profonde qui les met en communion à leur insu.

Le bébé va être définitivement marqué par les attentes, les désirs, les projets maternels qu'il percevra confusément mais qui s'imprimeront dans son être profond et imprégneront ses réactions futures.

Toutes ces composantes contribuent à faire d'un enfant de cet âge, un enfant cabotin qui n'aura de cesse que d'être le pôle vers lequel convergeront tous les regards et tous les égards.

Si le Soleil est bien aspecté dans le thème de naissance, l'être sera doté d'un rayonnement naturel, facilement charismatique, alors que, s'il est mal aspecté, il y aura danger de mégalomanie.

5 STADE MARSIEN : DE 1 A 2 ANS

C'est le stade de la marche et de la propreté. Le bébé commence à évoluer par lui-même dans l'espace, il réalise peu à peu qu'il va pouvoir aller et venir comme bon lui semble, explorer, au gré de sa fantaisie, l'univers qui l'entoure et par là, déjà, «vivre sa vie».

C'est, pour lui, une étape très importante qui va générer des conflits entre cet enfant pris d'une soudaine frénésie d'autonomie, voulant aller là où il veut comme il peut, et ses parents soucieux de le protéger et de le canaliser pour éviter toute imprudence et tout accident.

Les rapports se trouvent soudain inversés. L'enfant n'est plus le centre du monde comme au stade précédent, il va maintenant se heurter au monde et être amené, ainsi, à faire déjà des concessions, même si elles sont forcées. Il va peu à peu expérimenter l'emprise des choses sur lui en même temps que, par la maîtrise de ses besoins et de son corps, il va découvrir sa propre emprise sur les choses. Il se sait désormais détenteur d'un pouvoir sur lui-même, sur ses réactions et sur son devenir, même s'il n'en a pas clairement conscience.

Si Mars est bien aspecté dans le thème de naissance, l'être sera doté d'un puissant esprit d'initiative et d'un tempérament battant qui lui permettront toutes les réalisations, alors que, s'il est mal aspecté, toute cette énergie se traduira par de la violence destructrice.

## 6 STADE JUPITERIEN : DE 2 A 12 ANS

C'est le stade de la sociabilisation, et c'est un stade très important. C'est là que vont se poser les fondations de sa vie d'adulte et se déterminer son potentiel d'expression et sa capacité à établir des relations avec autrui, à s'y positionner et à se plier à des règles.

L'enfant va commencer à apprendre les règles du langage et découvrir le pouvoir inattendu des mots, leur poids, leur importance, leurs limites aussi. Par la parole, il va se révéler, extérioriser ses ressentis, ses désirs, sa curiosité, ainsi que ses craintes, ses acceptations ou ses refus, en étant capable de les expliquer. Il comprendra vite ce qu'il faut dire ou ne pas dire, autant que ce qu'il faut faire ou ne pas faire, ce d'abord à travers les jeux, ensuite à l'école.

Cette étape de la scolarisation du petit enfant est essentielle et délicate. Il s'agit de ne pas la rater, sinon on risque de le braquer à vie et de provoquer une réaction de repli sur soi difficilement rattrapable par la suite. Attention aussi à la comparaison avec les autres enfants ! Il faut à tout prix éviter le piège particulièrement dangereux et destructeur de la dévalorisation. Rabaisser un enfant devant un autre ou devant un groupe n'aura d'autre résultat que de le rendre honteux de lui-même, de le persuader qu'il ne sera jamais bon à rien. Comment, dès lors, en attendre des progrès et un épanouissement inscrits pourtant dans son devenir naturel ? Au contraire, toute mise en confiance, tout encouragement lui seront profitables et l'aideront à éclore peu à peu, comme un arrosage régulier enrichi d'un bon engrais conduira une fleur à sa parfaite floraison. L'amour que l'enfant porte à la maîtresse, s'il la sent juste et bonne, est le signe de ce besoin de sécurisation et d'encouragement. La règle du mérite est très importante aussi. Il faut toujours prendre la peine d'expliquer les choses, de justifier les actes face à l'enfant qui est avant tout sensible à la justice. Il acceptera une remontrance, un refus, une punition même, s'il se rend compte, s'il comprend que c'est juste, sinon il sera meurtri et révolté et il se bloquera.

N'oublions jamais qu'un enfant, dans cette tranche d'âge, est très malléable et qu'il sera plus tard l'adulte qui aura commencé à être façonné à ce moment-là. Les adultes que nous sommes, parents, éducateurs, thérapeutes...y auront leur part de responsabilité.

Si Jupiter est bien aspecté dans le thème de naissance, l'individu sera dans la plénitude de son être, alors que, s'il est mal aspecté, il donnera des individus asociaux, «déphasés[1]», lâches et peureux...

---

1- *Déphasé* : Qui n'est plus en phase avec soi-même, qui ne parvient plus à se situer, qui a perdu le contact avec le réel

## 7 STADE SATURNIEN : DE 12 A 29 ANS 1/2

C'est d'abord le stade difficile de l'adolescence, «âge ingrat» diront certains, parce qu'on a du mal à reconnaître l'enfant hier encore confiant et facile dans ce jeune qui soudain se révolte contre l'ordre établi (familial, scolaire, social ), revendique le droit à la libre expression de lui-même et se fait champion de la provocation, voire de la contestation.

En fait, c'est le signe d'une perte de repères qui engendre le doute existentiel par excellence : doute de lui-même et de ce qui l'entoure. L'adolescent ne sait plus où il en est et ne sait pas encore vraiment où il va. Il flotte dans un «entre-deux» plutôt inconfortable qu'il ne parvient pas à définir et duquel il ne sortira qu'en faisant ses propres expériences pour trouver ses vraies valeurs. Nul ne pourra le faire à sa place et, même si on peut donner des conseils, on ne sera jamais qu'un élément extérieur incapable de se substituer à lui.

Si Saturne est bien aspecté dans le thème de naissance, il donnera des penseurs, des chercheurs, des philosophes, alors que, s'il est mal aspecté, il donnera le prototype même de l'état schizophrénique[1].

## 8 STADE URANIEN : A PARTIR DE 29 ANS 1/2

C'est le stade de la jonction entre la maturité physique enfin atteinte et la maturation psychique en continuelle évolution. Maintenant l'individu se trouve en mesure d'utiliser, à bon escient et en pleine connaissance, les outils qui se cachent en lui. Il va oser s'affirmer, entreprendre, aller jusqu'au bout de son devenir et, par là, il se trouve être l'instigateur de sa propre transformation uranienne.

De cette mutation évolutive jaillira un rayonnement particulier, qui donnera à l'être une dimension plus solaire, à condition, bien sûr, que son libre arbitre le garde dans une dynamique[2] positive.

Si Uranus est bien aspecté dans le thème de naissance, il générera la transformation, l'innovation dans ce qu'elles peuvent avoir de plus positif, alors que, s'il est mal aspecté, il entraînera l'individu vers la révolution anarchique et l'utopie. (Uranus, ne l'oublions pas, fut découverte en 1781... Ce qui explique bien des évènements ultérieurs !...).

---

1- *Etat schizophrénique* : Etat de psychose dans lequel l'individu rompt tout contact avec le monde extérieur (schizophrénie) et présente même un dédoublement de personnalité.
2- *Dynamique* : Mouvement profond générateur du processus d'évolution d'une personne ou d'un groupe.

En tenant compte de ces données, on comprend tout l'intérêt de l'aide apportée par l'astrologie pour la connaissance des êtres, et donc pour une juste éducation de chaque individu dès sa plus petite enfance. Les parents qui feront établir le thème astral de leur enfant au moment même de sa naissance, posséderont d'emblée un outil éducatif irremplaçable.

CHAPITRE VIII

# Le cycle générique de la vie

Si on considère la vie et son processus d'évolution à la lumière de l'astrologie humaniste, on ne sera jamais confronté à des «certitudes» avec ce qu'elles pourraient avoir de restrictif, de limitatif ou encore de tendancieux, on ne rencontrera, au contraire et fort heureusement, que des «possibilités» offertes comme autant de pistes à explorer, des suggestions dont le seul effet sera de stimuler l'être à aller toujours plus avant à la rencontre de lui-même et à la découverte de sa propre réalisation.

En effet, l'astrologie humaniste n'a d'autre dessein que de permettre à chacun de découvrir ses possibilités personnelles, d'entrer en pleine conscience dans le champ de ses possibles et d'y faire son choix en sélectionnant ce qu'il estimera le plus favorable à son évolution. En aucun cas elle ne lui assènera des échéances inévitables et sans recours, elle sauvegardera toujours le jeu essentiel du libre arbitre.

Pour interpréter au mieux un thème astral, il faudra avant tout tenir compte du facteur âge. L'âge est le «contenant» dans lequel vont se placer les évènements. Et un même événement aura une signification et un impact différents selon la période de la vie à laquelle il aura été vécu.
A ce niveau, il est important d'associer à la pratique de l'astrologie pure, la connaissance de la «psychologie des profondeurs» établie par Carl JUNG.

La vie doit être considérée comme une succession de cycles admirablement articulés les uns sur les autres. C'est ce qu'on appelle «LA STRUCTURE GENERIQUE DE LA VIE HUMAINE» qui couvre le corps, la psyché[1] et l'inconscient.

---

1- *Psyché* : Le «moi» considéré dans l'ensemble des éléments affectifs et relationnels qui le composent.

Cette structure psychique commune est reconnue par C. JUNG comme «L' INCONSCIENT COLLECTIF» tandis que Dane Rudhyar, le maître de l'astrologie humaniste, en fait «L'AME GENERIQUE en tous les hommes». Quelle qu'en soit la terminologie, sa réalité est bien la même tout autant que son importance dans le déroulement de nos existences.

C'est en associant l'étude de la structure générique à l'évolution des cycles individuels propres à chaque individu, qu'il est possible, par l'interprétation de l'astrologie, d'arriver à une connaissance profonde de l'être et, par là, de permettre à chacun de s'assumer et de se réaliser en sachant vraiment qui il est et où il peut aller.

Comment s'élabore cette structure sur le plan technique ?

Dane Rudhyar la divise en dix périodes de 7 ans. Le point tournant étant la trente-cinquième année. De la naissance à la trente-cinquième année, la force vitale monte et se répand dans l'être comme la sève à l'assaut de la nature dans l'alchimie du printemps. A partir de la trente-sixième année, cette force vitale redescend, mais l'être ne s'en trouve pas affaibli ni diminué comme on pourrait le craindre. C'est alors, au contraire, qu'il commence véritablement à agir par lui-même et pour lui-même : des décisions se prennent, des démarches particulières sont souvent amorcées, on regarde dans des directions nouvelles et on prend aussi bien des orientations inattendues. La vie est reconsidérée plus ou moins consciemment en fonction de soi et non plus, comme avant, en fonction d'un lot plus ou moins fallacieux de contingences extérieures.

Avant 35 ans, l'homme bâtit sa vie sur la base que lui ont donnée l'hérédité, l'éducation, l'environnement social... autrement dit tout ce qui lui est «extérieur». Son action n'est que le résultat de la projection qu'il fait de tous ces éléments avec lesquels il doit composer pour «apprendre à vivre».

Après 35 ans, l'homme ressent la nécessité d'une repolarisation de son être dans son esprit, son corps et sa spiritualité. Il s'agit maintenant de parvenir à «être soi» totalement et librement, autrement dit il s'agit d'atteindre et de révéler sa personnalité complète, une et unique. Pour cela, il faut absorber et faire sien tout ce que l'univers met à la disposition des individus que nous sommes : les nourritures terrestres, par le biais de l'alimentation, le savoir passé et présent, par le biais de l'enseignement, la sagesse de nos ancêtres, par le biais des traditions, la panoplie infinie des échanges sociaux, affectifs et sexuels, par le biais des relations que nous saurons établir et surtout de leur qualité... la liste ici est loin d'être exhaustive.

Le résultat de cette intégration au niveau de l'inconscient sera des plus éclatants et indéniables : on verra éclore une personnalité lumineuse, créatrice et aimante qui entraînera irrésistiblement les autres à sa suite. Elle sera un véritable phare qui percera soudain la nuit environnante, le phare de la vie.

En abordant la seconde moitié de la vie, on se doit de mettre en oeuvre une «loi de relativité» si l'on veut vraiment développer la «conscience» objective de cette période capitale.

Comment va fonctionner cette loi ? De façon très simple à partir du moment où l'on sait qu'il existe toujours une relation directe entre une période de la vie montante et une période de la vie descendante. Ce serait erreur et folie de penser que la règle de cette loi consiste simplement à entériner ou à rejeter systématiquement le bon ou le mauvais de la période montante concernée.

Il faut, pour être dans le vrai et avoir l'attitude juste, conserver ses valeurs antérieures propres et admettre ses opposées, ainsi que l'existence des opinions extérieures dans leurs relations de transitivité.

C'est à travers l'analyse de son passé que l'homme peut comprendre son présent et préparer son futur. Ce qui est n'est que l'accomplissement du potentiel de ce qui a été, il porte en lui le potentiel de ce qui sera. Là est la roue de notre devenir en perpétuelle évolution. En pleine connaissance de lui-même, tant dans ce qu'il est que dans ce qu'il peut devenir, l'individu garde toujours le libre choix de la réussite de sa destinée.

Il est intéressant de préciser que les réactions, les positionnements et les agissements de l'individu à l'approche de la cinquantaine seront l'écho lointain mais profond de ses élans de jeunesse qui se verront, dans le cas d'une bonne évolution, transmutés en valeurs correspondantes.

Cette vision holistique de l'astrologie humaniste se retrouve dans un article de «American Astrology» janvier 1942 :

«L'homme rencontre constamment son passé, quand il a dépassé le mi-point de sa vie. Ce qu'il fait de cette confrontation conditionne, à son tour, soit sa vie future (si l'on accepte la réincarnation) soit son état «post mortem» (si l'on croit à l'immortalité personnelle dans des royaumes transcendantaux), ou encore contribuera simplement à modeler le comportement culturel et social des générations futures (si l'on n'accepte que l'immortalité raciale et culturelle)».

La seconde moitié de la vie sera, de fait, le lieu de développement de la conscience et c'est à travers elle que se fera la réalisation totale de l'être qui aura bien joué le jeu de son évolution.

Pour bien comprendre ces mécanismes, il faut entrer dans le détail des 10 phases qui ponctuent le cycle de la vie et bien considérer la relativité de ces phases.

Phase 1 : de 0 à 7 ans

NIVEAU ORGANIQUE

Etape de la formation physique avec le développement du corps et de ses connexions neurologiques et psychologiques. Rôle primordial de l'hérédité et de l'environnement tant familial que social.

Dans cette phase, qui est la période de la construction et de la structuration première de l'être, la période des fondations de la construction de sa personnalité, tout s'avère important. L'individu conservera toute sa vie la marque de ce qui lui sera arrivé, de ce qu'il aura vécu à ce moment-là. C'est à ce niveau organique que vont se positionner ses instincts et ses valeurs de base, ses composantes affectives tant au niveau physique que psychologique, son aptitude à la socialisation, les grands axes de son alimentation, les conditions matérielles de sa vie.

L'enfant va successivement et à son rythme, apprendre à parler, à marcher, à s'habiller, à faire sa toilette, à se nourrir, à lire, à écrire et à compter...

Pour plaire et attirer l'attention sur lui, surtout s'il est en carence affective maternelle, il pourra spontanément mentir, tricher et même voler.

Il apprendra aussi «ce qui se fait» et «ce qui ne se fait pas», ce qui peut lui faire du bien et ce qui peut être un danger...

C'est en même temps le moment où l'enfant ressent le plus le besoin de l'amour maternel. Si celui-ci lui fait défaut, l'adulte qu'il sera plus tard recherchera toute sa vie à être materné.

Les psychiatres sont unanimes à reconnaître qu'il est très difficile, parfois même impossible dans les cas extrêmes, pour un adulte de surmonter les carences ou les traumatismes de la petite enfance.

Et cela ne vaut pas que pour le domaine affectif ou psychologique. Il en va de même au plan physique. Ainsi, par exemple, un enfant qui aura manqué de calcium dans cette période, en gardera toute sa vie les traces dans un squelette fragilisé et parfois déformé.

Phase 2 : de 7 à 14 ans

NIVEAU DU POUVOIR

Du point de vue astrologique, SATURNE se trouve en carré à sa position dans le ciel natal quand la personne concernée parvient à l'âge de 7 ans : c'est cette position saturnienne qui va engendrer chez l'enfant une remise en cause, parfois brutale et profonde, de l'autorité parentale et le conduire, à la limite, à rejeter toute forme d'avis et de conseils émanant des parents, d'autres membres de la famille ou des maîtres et éducateurs. Une certaine tendance à mentir et même à voler pourra alors s'accentuer, dans le seul besoin de se démarquer d'un ordre établi, d'un «devoir» que l'enfant refuse parce qu'il lui est extérieur. Il veut, coûte que coûte, se singulariser, se désolidariser de la famille et de «ce qui se fait», au grand désespoir des parents qui ne savent souvent plus comment réagir...

Paradoxalement, cet état de «révolte» est très positif dans l'optique de la croissance vers l'individualité. Ne dit-on pas couramment que l'enfant a atteint «l'âge de raison» ?

Mais attention ! si cet élément n'est pas vécu en tant que tel, c'est-à-dire dans toute sa positivité, il persistera dans le cycle suivant et là sera le danger...car alors il sera vécu de façon infiniment plus négative et destructrice. Il sera la source de tous les dérapages qui transformeront l'adolescence en creuset de délinquance.

L'image du père autoritaire ne sera pas détruite et hantera l'individu pour le restant de sa vie, l'empêchant de reconnaître et d'accepter une autorité extérieure, ou même de développer sa propre autorité.

Cette phase 7-14 ans va permettre la construction de l'EGO CONSCIENT. L'enfant va s'affirmer de plus en plus nettement et consciemment à travers le «JE» qu'il emploiera sans mesure. En parlant ainsi à la première personne, il expérimentera son pouvoir personnel sur ses proches et son environnement, il exprimera ses choix à lui, ses ressentis, ses désirs propres, sa volonté, tout ce qui l'habite intérieurement indépendamment de toute influence extérieure. C'est une vie vraiment personnelle qui commence pour lui, il inventera des attitudes à lui pour traduire ses sentiments profonds et il s'opposera sans ambage à l'élément extérieur si celui-ci ne lui convient pas. A travers les diverses oppositions qu'il manifestera, il s'évaluera et pressentira ses propres limites, celles jusqu'où il peut aller par lui-même. Cela ne se fera pas sans heurts et sans égratignures, mais si l'évolution est bonne, le résultat a toutes les chances d'être positif.

Le véritable problème de ce cap des 7 ans est bien l'AUTO-AFFIRMATION-CREATRICE par la volonté.

Elle est capitale pour la réalisation de l'adulte de demain. Si cette période est bien vécue, l'individu n'aura, plus tard, aucun mal à se révéler à lui-même, à s'affirmer, à se positionner et à extérioriser ses capacités tant dans le domaine créatif que dans la sphère sociale ou personnelle.

C'est bien entre 7 et 14 ans qu'on retrouve les jeux compétitifs entre bandes d'enfants du même âge. Il s'agit pour eux, plus ou moins consciemment, de se mesurer aux autres mais aussi à eux-mêmes. Dans la créativité et les jeux, l'enfant exprime son pouvoir sur la matière ou l'intellect et sa capacité à concevoir, à mettre en forme, à passer à l'acte dès lors qu'il l'a décidé. Il faut qu'il conserve son élément créatif avec des jeux simples, non sophistiqués. Il doit en rester jalousement à son mode d'emploi à lui, c'est le seul valable parce que le seul à lui être adapté. Une notice standard qui conviendrait à toute une jeunesse sans différenciation, sans individualisation possible, serait pour lui un passeport de dépersonnalisation, s'il la faisait sienne.

7 ans est normalement l'âge de la première année scolaire au cours dit «préparatoire», ce qui n'est pas non plus sans signification sur l'importance de cette année-charnière.

Notons encore, au plan physique cette fois, que ce moment est aussi celui où l'enfant s'éloigne de l'emprise maternelle pour devenir autonome... il perd ses dents «de lait» pour voir pousser ses dents définitives. C'est là encore tout à fait significatif, pour ne pas dire symbolique.

Phase 3 : de 14 à 21 ANS

NIVEAU PSYCHOLOGIQUE

Cette phase a pour rôle essentiel de permettre le développement de l'EMOTIONNEL et des FACULTES MENTALES pour les orienter vers l'extérieur, vers les autres. C'est de façon subite, souvent bouleversante par cette soudaineté et la rapidité avec laquelle le changement s'opère, que l'adolescent sent son ego s'élargir aux dimensions de ce qui l'entoure et perçoit confusément un besoin de relations plus «vraies» avec tout ce qui peut l'enrichir. Il se révèle avide de découvertes tant humaines que culturelles, sociales ou spirituelles, car, bien souvent, l'approche de la spiritualité se fait alors plus effective et répond à un besoin réel jusque là insoupçonné. Le jeune se cherche encore et ne comprend pas toujours très bien les transformations qui s'opèrent en lui. Aussi trouvera-t-il la sécurité dont il a besoin dans la coalition avec ses semblables. C'est l'époque des bandes de copains prêts à toutes les aventures, c'est aussi le temps des premiers battements de coeur, de l'exaltation d'un premier amour et de la naissance de la sexualité avec la mise en place de la fonction génitale. Si les premières expériences sexuelles ont une importance non négligeable dans cette période de «mue» autant que de mutation profonde, il n'en reste pas moins vrai que les amours de cet âge sont narcissiques, idéalisées et ne portent pas encore en elles la recherche de l'autre dans sa complémentarité.

On parle de «crise de la puberté» : les transformations biologiques, hormonales, psychologiques aussi qui s'opèrent chez l'adolescent lui font porter un regard différent et en partie neuf sur les êtres, les événements et les choses. C'est ainsi qu'il voit désormais ses parents en tant qu'adultes sexués et responsables. Et ce changement de regard est essentiel pour l'adulte de demain que sera l'enfant d'hier. En effet, si l'image forte des parents infaillibles de la petite enfance ne tombe pas à ce moment-là, l'homme ou la femme de demain aura du mal à affirmer ses propres différences mentales et émotionnelles, et son regard futur sur la vie restera calqué sur le schéma parental, ce qu'il faut éviter à tout prix.

A travers les tatônnements plus ou moins maladroits de cette adolescence si souvent méconnue, redoutée et minimisée, le désir profond, la quête vitale est de se trouver vraiment, de parvenir au rendez-vous avec soi-même, d'ETRE SOI tout simplement (mais est-ce vraiment si simple ? ? ...) dans ses sensations, ses actes, et même ses provocations. Celles-ci ne sont souvent qu'un défi à soi-même pour se prouver ce que l'on est. Il n'y a aucune recherche de séduction (ce sera pour plus tard !) pour plaire à l'autre ou à la société.

C'est l'apogée de l'OPPOSITION et de la SENSATION. L'individu en mutation sent son horizon s'élargir. Ce qu'il ignorait hier superbement prend soudain une importance inexplicable. Il est comme porté par un courant qui le livre au monde en lui livrant le monde. Il se sent soudain partie d'un tout dans lequel il veut jouer son rôle, mériter sa place. Il prend conscience qu'il est un membre de l'HUMANITE dans laquelle il aura quelque chose à accomplir. Cette prise de conscience va être confortée par les études qu'il va choisir et non plus simplement subir comme ce pouvait être le cas dans la petite enfance. Il devient actif dans sa scolarité puisque s'il le désire, il peut, dès 16 ans, arrêter ses études...C'est dans cette période qu'il choisit sa future profession et qu'il se reconnaît acteur et responsable de son avenir. Il comprend la responsabilité de lui-même et de ses choix, qui lui incombe désormais. Il devient EXPRESSION de lui-même en tant qu'individu, membre de l'humanité, qui va se révéler à lui-même par la loi d'opposition. Cette «expression» passera aussi, ne l'oublions pas, à travers l'AMOUR et la sexualité qui restent les grands facteurs d'évolution. Par ce biais, le jeune va se voir obligé de connaître la différence et de modifier toutes ses illusions.

A la fin de ce cycle, l'individu peut se positionner tant professionnellement que socialement ou politiquement (par le vote).

Saturne fait une opposition au Saturne natal, ce qui marque une conscience objective de son état par la responsabilité.

Phase 4 : de 21 à 28 ans

NIVEAU SOCIO-CULTUREL

Avec cette phase, c'est l'orientation sociale qui va se trouver au premier plan. L'individu va, en effet, devoir déterminer ce qui convient le mieux à sa personnalité et choisir les partenaires sociaux et professionnels les mieux adaptés, ceux avec lesquels il pourra faire oeuvre utile et réaliser pleinement tous ses potentiels. Par là, il va opérer un positionnement vraiment personnel face à la famille et à la société, ce qui n'ira pas parfois sans heurts ni dissensions.

Il s'agit de percer coûte que coûte, de faire sa place et de garantir l'avenir. Et cela ne peut passer que par, d'abord et avant tout, l'évaluation du passé : que faut-il conserver ? ce qui correspond vraiment à soi, sans artifices ni compromissions. Pour cela, il faut aussi reconsidérer ses idéaux, nés pour la plupart de la forte exaltation émotionnelle de l'adolescence, de la «prime jeunesse», et nourris exclusivement de désirs personnels et non sociaux ou humanitaires. Tout cela va être vu sous un autre angle dans la prise de çonscience que les besoins personnels ne peuvent se réaliser que d'une façon responsable dans une dynamique sociale.

L'activité va être prépondérante; le jeune va chercher à se dépasser, à aller toujours plus loin et toujours plus haut, trouvant un sel particulier aux difficultés vers lesquelles parfois il se précipitera d'un seul élan. Il fera tout pour atteindre le but qu'il s'est fixé. Il saura, pour cela, saisir toutes les opportunités et «faire feu de tout bois» dans la mesure où ce dernier ne sera pas vermoulu...

Sa réussite dépendra aussi, et peut-être même surtout, de la CROISSANCE et de la DECOUVERTE de soi en dehors de la vérité parentale, de sa capacité à vivre hors de la famille d'origine avant, afin de pouvoir à son tour, en fonder une dans les meilleures conditions. Il sera essentiel encore de se construire une psyché propre, épurée des attitudes intellectuelles, socio-culturelles, spirituelles et mentales bâties dans l'ego par l'environnement.

Alors, quand tout ce travail sera réalisé, le jeune adulte pourra envisager sérieusement de créer sa propre famille, de choisir une profession correspondant bien à ses qualités et à ses attentes, d'opter pour une spiritualité propre à ses ressentis et à ses aspirations profondes.

Ce qui se réalisera après 28 ans et jusqu'au cycle de 56-63 ans sera le fruit des positionnements et des actions de cette période avant 28 ans.

C'est clair astrologiquement, puisque dans cette tranche de vie 21-28 ans, le carré croissant d'URANUS marque la percée professionnelle, tandis que le carré décroissant de SATURNE marque la rupture d'avec le passé, le besoin de réexaminer les idéaux... et l'évanouissement progressif de la jeunesse.

Phase 5 : de 28 à 35 ans

NIVEAU DE LA PERSONNALITE DANS SON INDIVIDUALITE

Ce devrait être la période d'une «seconde naissance», naissance de l'être à lui-même dans ce qui sera sa vérité d'être. Une véritable métamorphose devrait s'accomplir en lui à tous les niveaux pour lui permettre d'être le créateur de son devenir et l'instigateur de son accomplissement.

Après avoir bien assimilé toutes les données de son passé, tant familial que socio-culturel ou spirituel, l'individu devrait transformer cet héritage afin de donner naissance à sa véritable personnalité. Il deviendra alors ce qu'il est vraiment, c'est-à-dire un être original, créatif et unique qui détiendra une identité individuelle et contribuera de façon tout aussi unique à la conscience universelle. C'est la porte ouverte sur la réalisation de soi à travers un cheminement propre qui tracera peut-être des voies nouvelles et inattendues mais qui sera loin d'une simple répétition de trajectoires familiales dans lesquelles on retomberait si on en restait à mettre ses pas dans ceux des ancêtres. Il s'agit d'être soi sans renier les siens ni ce qu'ils ont pu léguer de sagesse ou d'expérience.

L'individu comprend alors le «pourquoi» de son existence et met tout en oeuvre pour que sa contribution à l'édifice de l'humanité soit pleine et entière. C'est le moment de donner un nouveau sens à sa vie en pleine connaissance et en totale responsabilité. On est capable d'affronter les problèmes de la vie en parfaite indépendance et d'utiliser les acquis du passé pour une progression toujours plus féconde, en les considérant comme autant de moyens mis à disposition en vue d'une fin différente. C'est vraiment la période qui permet la contribution la plus active à la manifestation de sa destinée.

Mais attention ! l'être peut aussi se cristalliser sur son passé, et, par là, bloquer lui-même sa propre évolution. Il ne sera, alors, que l'expression de ce passé, sans aucune consistance créative et personnelle. Il se contentera de reproduire passivement des schémas familiaux et ne se révélera jamais dans son être véritable. Il se sera que l'ombre de ses ancêtres... et c'est une attitude des plus négatives que l'on ne peut souhaiter à personne.

C'est pour éviter cet écueil qu'il est indispensable d'avoir réussi, autour de 28 ans, la transformation de la relation à son propre passé, la mutation vers son propre devenir.

L'aspect favorable du trigone d'URANUS symbolise l'opportunité créatrice de l'être. Chaque être est nouveau et se rajoute à la race humaine.

A ce niveau surgit et s'impose la question fondamentale :
«Pour quoi suis-je là ?».

Avant d'aborder les niveaux suivants, il faut se positionner par rapport au cycle générique de la vie :

Les cinq niveaux déjà considérés, à savoir :
- niveau organique (0-7 ans).
- niveau du pouvoir (7-14 ans).
- niveau psychologique (14-21 ans).
- niveau socio-culturel (21-28 ans).
- niveau individuel (28-35 ans).

sont de nature croissante extravertie.

Les énergies mises en fonction tendent à se construire et à s'étendre.

A partir de 35 ans, nous retrouvons les mêmes niveaux symétriques mais de nature décroissante introvertie.

Le point commun de transition de l'extraverti à l'introverti se trouve dans les niveaux individuels 28-35 ans / 35-42 ans.

Les cinq niveaux à considérer maintenant seront donc :
- niveau individuel (35-42 ans).
- niveau socio-culturel (42-49 ans).
- niveau psychologique (49-56 ans).
- niveau du pouvoir (56-63 ans).
- niveau organique (63-70 ans).

Les niveaux représentant la descente sont la vision introvertie de la contrepartie extravertie.

Si la phase descendante pose problème ou se trouve émaillée de difficultés, il faut en rechercher la cause dans le niveau correspondant croissant.

Phase 6 : de 35 à 42 ans

NIVEAU INDIVIDUEL DECROISSANT

(Niveau de la personnalité dans son individualité correspondant au niveau 28-35 ans croissant).

C'est , si on peut oser dire, «le commencement de la fin», ou de manière moins abrupte, le début de la descente de la vie... et, en même temps, c'est le point culminant du potentiel physique et personnel. Nous sommes ici sur la «plate forme d'altitude» de la vie. L'individu améliore ce qui a été mis en forme dans la période immédiatement précédente (28-35 ans), lui donne sa consistance définitive et s'installe de façon plus concrète dans sa personnalité. Il installe en particulier ses attitudes et croyances propres qui feront de lui un être unique avec une destinée bien à lui, libérée de tout ancrage négatif extérieur.

Il sait qui il est, ce qu'il veut, ce qu'il attend de la vie, ce qu'il est capable de donner. Il sait où il en est et où il va, il sait quelle est sa place au sein de l'humanité et quelle place chaque être et chaque chose ont dans sa vie. C'est de l'intérieur que tout est désormais considéré, pesé, envisagé autant que désiré et reçu.

L'individu se vit pleinement responsable de lui-même, de sa vie et de ce qu'elle renferme. Il vit à fond cette responsabilité parce qu'il est enfin épuré des influences familiales et conjugales autant que de toute idéologie dogmatique, et qu'il a triomphé de tout complexe de culpabilité ou de dévalorisation personnelle. S'il y a eu échecs dans le passé, ceux-ci sont oubliés après avoir été reconnus et assumés comme autant de tremplins pour rebondir en se fortifiant. Il faut parvenir à se dégager du vieux bouc émissaire psychique qui maintient en état de victime et rend incapable de diriger et de gérer sa vie. Si cela n'est pas obtenu, on restera toujours en quête de nouveaux boucs émissaires pour masquer cette incapacité. Ce pourront être le changement réitéré de conjoint, les essais renouvelés de nouvelles techniques, l'aliénation à un nouveau guide spirituel et la porte ouverte aux sectes .... Malheureusement rien de tout cela ne pourra apporter à l'être la base de solidité qui lui fait défaut et qu'il ne peut trouver qu'au plus secret de lui-même.

Son plus rude combat restera celui à mener contre le sentiment de culpabilité, mais, dans le cadre d'une évolution normale, il ne pourra déboucher que sur une victoire pleine et entière.

Il faut la souhaiter à chacun, d'autant plus que si cette période n'est pas concluante dans sa réalisation, la phase de 7 ans qui va suivre sera des plus chaotiques.

Phase 7 : de 42 à 49 ans

NIVEAU SOCIO-CULTUREL DECROISSANT
correspondant au niveau 21-28 ans croissant.

Le but de cette phase va être de trouver le SENS REEL de ses relations sociales et extra-personnelles. C'est, pour certains, la véritable naissance à la conscience qui va, désormais, prendre le pas sur l'action, prépondérante dans les phases précédentes.

Cette clarification relationnelle va induire une rupture inévitable avec les habitudes sociales, les pressions familiales de tous ordres et surtout l'abolition des considérations de société qui ont trop longtemps pesé sur les choix à effectuer. Il faut maintenant trouver une valeur et une dimension personnelles à toute relation pour la maintenir, sinon elle n'a aucune raison d'être et il n'y a plus à s'obliger à quoi que ce soit au nom de critères extérieurs.

C'est ainsi qu'un mariage qui a tenu jusque là pour une multitude de raisons autres que sa propre raison d'être en tant que tel pour chacun des deux conjoints, se dissoudra dans cette période si les éléments personnels essentiels et réciproques ne constituent pas la clef de voûte de leur union dans le don et l'échange authentiques qui font que chacun se retrouve dans l'autre et dans ce qui est vécu avec lui.

De même, des relations amicales établies dans le milieu professionnel s'altèrent et finissent par se détériorer parfois totalement dès que l'épanouissement dans le travail est à son apogée.

Peu à peu va s'imposer, avec une acuité parfois difficilement soutenable, le sentiment de solitude. L'individu va être en proie à une anxiété intense et sournoise qui s'emparera de lui à son insu. Il sait que le temps marque sa vie de son empreinte indélébile; il ne se sent pas encore âgé, mais il n'est plus très jeune. Certes, il peut se leurrer en tombant amoureux comme au temps insouciant et fougueux de son adolescence, mais ses motivations ne sont pas les mêmes, il le sait bien et, quelque part, ça le rassure. Car le jeune aime pour aimer, pour le plaisir d'aimer sans rien mettre derrière; bien ou mal, il aime et tout s'arrête là. Tandis que l'homme (ou la femme) d'âge mûr aime souvent pour effacer un sentiment d'échec, pour se prouver la réalité de ce qu'il (ou elle) est en tant qu'être de chair et de sentiments... C'est maintenant ou jamais.... comme si l'individu jouait là ses dernières cartes pour un nouveau départ, la dernière chance d'un embarquement pour le bonheur, un bonheur qui souvent jusque là est resté un mirage !

Cette période correspond aussi pour certains au moment toujours éprouvant de la disparition des parents et de toute une génération. Ce sont de profonds traumatismes, de même que voir vieillir ses amis et autres camarades d'enfance... On prend réellement conscience d'un déclin et ce n'est pas toujours facile à négocier, d'autant plus que cela s'accompagne de perturbations sur le plan physique. La femme ressent les premières manifestations de la ménopause, elle sent qu'elle perd sa fonction de reproduction féminine, son corps change et ses sensations s'émoussent. Sur le plan affectif, sa relation maternelle avec ses enfants connaît des bouleversements puisque c'est souvent le moment de leur éloignement. Pour peu qu'il coïncide plus ou moins avec l'extinction de la génération antérieure, cela fait beaucoup d'un coup et le cap est difficile à franchir. Par rapport au regard de la société, l'apparence et la prestance physique sont très importantes car elles conditionnent la capacité d'aimer et d'être aimée.

Cela explique l'acharnement de certaines femmes à pratiquer un sport intensif au détriment de leur santé, à abuser des cosmétiques, et des séances de bronzage artificiel quand ce n'est pas à recourir aux moyens ultimes que sont les liftings ou autre chirurgie esthétique... Pour les hommes, la diminution de la puissance sexuelle peut les conduire à rechercher des filles plus jeunes ou des pratiques sexuelles particulières. Par ailleurs, ils peuvent exagérer leur pouvoir social ou professionnel, jusqu'à la perte de toute mesure, afin de se prouver leur impact sur les autres et sur les éléments, et, par là, de se rassurer, de pouvoir se dire que rien n'a encore vraiment changé en eux.

Quoiqu'il en soit et quel que soit l'individu, homme ou femme, une prise de conscience importante doit s'établir : le corps décline, mais les énergies de la personnalité augmentent afin de structurer l'esprit et l'âme. Et n'est-ce-pas finalement ce qui est le plus important ? ...

La maturité psychologique ne peut s'épanouir que dans l'acceptation du vieillissement. L'ego abdique toujours devant la force d'un esprit déterminé à changer.

Si, durant la quarantaine (cette «difficile quarantaine» souvent stigmatisée par les écrivains et pourtant si féconde ! ), l'individu a éliminé les habitudes sclérosées d'un passé qu'il considère vraiment comme révolu, s'il accepte sereinement et avec philosophie les lois naturelles de dégradation biologique, il réalisera son intégration personnelle et sociale relative à cette tranche d'âge. Il se sentira grandi intérieurement par ce changement d'attitude tant avec les autres qu'avec lui-même.

Il entrera vraiment dans une autre dimension avec la nouvelle chance d'un nouveau départ.

Phase 8 : de 49 ans à 56 ans

NIVEAU PSYCHOLOGIQUE DECROISSANT
correspondant au niveau 14-21 ans croissant

Le mot-clef de ce niveau est de nature psychologique, c'est la traduction analytique de toutes les années passées, la signification profonde du vécu. Le jeune de 14 à 21 ans contrarie et conteste les schémas familiaux et sociaux, il rompt avec les modèles établis, il est en révolte parce qu'il se cherche et ne se reconnaît pas dans ce qui lui est proposé ou imposé. L'adulte de 50 ans doit, quant à lui, gommer les cicatrices des échecs passés, des difficultés et autres chocs psychologiques auxquels il a été affronté et qui entrent dans son vécu, il doit aussi anihiler sa rigidité de comportement face à son incapacité à changer son orientation, face à son impuissance à contrecarrer les effets du temps.

Au cours de la période croissante (14-21ans) l'adolescent rejette, ou croit rejeter, les parents en se rebellant, mais il ne s'en libère pas puisqu'il reste tributaire d'eux pour l'essentiel, en particulier au plan financier.

A 50 ans, c'est dans l'autre sens que souvent le problème réapparaît. L'adulte, en effet, peut être amené à assumer ses parents dans son quotidien, au foyer. Si la problématique de l'adolescent vis-à-vis des parents n'a pas été réglée à la période voulue, l'adulte se voit confronté aux valeurs qu'il a rejetées dans sa jeunesse. Et là, il ne peut plus louvoyer, il est soumis à un choix qui doit être clair : soit accepter ces valeurs qui ne sont pas les siennes en totalité mais derrière lesquelles il est resté caché, soit voir ses parents et son entourage objectivement, dans une nouvelle perspective afin d'établir avec eux une véritable relation d'individu avec, de part et d'autre, des personnalités propres et dans un respect mutuel.

Il faut parvenir à réaliser cela avant qu'il ne soit trop tard, sinon il s'en suivra un sentiment de culpabilité qui grèvera lourdement l'avenir.

En effet, si on ne peut pas réaliser cette expérience vraie de l'individualité avec ses parents avant leur disparition, on portera toujours en soi une impression culpabilisante d'inachevé et cette culpabilisation érigera un barrage psychologique important pour la phase des sept ans qui vont suivre. Le tournant des 60 ans risquera de s'en trouver compromis. Cela entraînera une cristallisation intense de l'être tout entier et une dégradation biologique plus importante que la normale. On s'installera avant l'heure dans la vieillesse.

Au contraire, si l'évolution se fait bien et si l'expérience de l'individualité est réussie, alors l'individu se sentira habité d'une grande force intérieure, prêt à donner autant qu'il a reçu et à partager sa propre expérience.

C'est l'âge où commence la sagesse, où on peut rendre aux autres, à la société toute entière, l'héritage reçu et fait sien au fil des ans. Le transit important d'URANUS, de type régénérateur, à cette période de la vie, va apporter à l'être l'expérience occulte qu'il réalisera plus mentalement dans la phase suivante.

Phase 9 : de 56 ans à 63 ans

NIVEAU DU POUVOIR DECROISSANT
en rapport avec le niveau 28-35 ans croissant

C'est le moment de ce qu'on pourrait appeler «la troisième naissance», c'est-à-dire la possibilité, par le retour du cycle d'Uranus, de se réorienter tant dans le caractère que dans la relation aux autres. On est à même de se percevoir différemment, de se sentir prêt à donner de soi autrement que par le passé, souvent à travers une oeuvre ou des actions altruistes. Au plan social, c'est l'âge de la retraite et l'individu doit trouver de nouveaux repères afin de ne pas se sentir déstabilisé et «fini»... Il n'a plus rien à prouver sur le plan professionnel ou familial. «L'art d'être grand-père» (ou grand-mère) n'implique pas d'assumer les responsabilités qui incombent aux parents. Il s'agit simplement de profiter des petits-enfants en leur renvoyant l'image positive de l'individu accompli.

Cette tranche d'âge est particulièrement importante. Les Grecs de l'Antiquité ne considéraient-ils pas la soixantaine comme «l'âge de la philosophie», autrement dit de cette sagesse qui de tout ne retient que la valeur première et essentielle ? En effet, si elle est vécue positivement, elle permet l'accomplissement créatif et spirituel de soi. Le superflu est balayé pour aller à ce qui est primordial, à ce sans quoi la vie ne serait pas la vie...Les valeurs fondamentales de la vie sont alors pleinement et clairement reconnues et vont s'adapter aux besoins de la collectivité.

Toutes les oeuvres que l'être a accomplies, tout ce qu'il a crée après 28 ans (niveau de la personnalité) se retrouveront à 60 ans et s'imprimeront alors dans la conscience universelle afin d'aider les générations suivantes. C'est ce que Dane Rudhyar affirme en précisant même que l'impression sera plus sensible sur «la génération née en même temps que ces oeuvres».

La soixantaine est aussi la bonne période pour un approfondissement spirituel ou une réorientation née d'un nettoyage de tout ce qui ne semble pas correspondre à la Vérité. Il faut effectivement abandonner tout ce qui n'est pas essentiel et préparer sa vieillesse (on parle aujourd'hui de «vieillesse» au-delà de 70 ans !) dans les meilleures conditions. Ce sera d'autant plus facile que le choix de positionnement aura été fait à la quarantaine. Si cela n'est pas, la tâche sera plus rude, mais il ne faudra pas y renoncer.

Si cette période (56-63 ans) est mal vécue, l'individu va s'aigrir et ne pourra plus donner d'Amour. Il va se replier sur lui-même et bien vite, s'il n'y prend garde, naîtra en lui un nouveau tempérament qui se révélera égoïste et même dans les cas extrêmes, autiste.

Il faut à tout prix éviter ce danger... Et on le peut notamment en se consacrant tout entier à l'éducation des autres par l'expérience personnelle, sociale et spirituelle, ce qui est le but de ces sept ans.

PHASE 10 : de 63 à 70 ans

NIVEAU ORGANIQUE DECROISSANT
correspondant au niveau 0-7 ans croissant

Nous sommes ici à un point charnière dont on ne mesure pas toujours l'importance. 63 ans correspond au croisement de 7 et de 9 (7x9=63), c'est-à-dire du rythme individuel-spirituel et collectif-physique. C'est une période cruciale qui doit ouvrir l'individu à la grande aventure du monde spirituel, dans la mesure où son choix et l'ouverture propre à ce domaine coïncident.

Cependant, si l'individu ne s'ouvre pas au monde de la spiritualité, s'il rentre dans une routine sclérosante où le côté créatif personnel (s'il existe encore!) se sépare du quotidien, une baisse importante de vitalité se produira en lui en même temps qu'une impression de vide et d'ennui naîtra, accompagnée souvent d'un profond désespoir devant les frustrations de toute une vie. Le rôle de l'esprit devient ici primordial, c'est lui qui conditionne le «non-vieillissement». On n'arrive pas désabusé à 60 ans. Si cela est, ce n'est que le résultat final de la crise de 40 ans, non reconnu à la cinquantaine.

On vieillit par manque d'intérêt pour la vie, par constat d'échec devant certaines situations, échec non dépassé, non exorcisé; on vieillit encore par la routine et l'automatisme d'un quotidien sclérosant, par un sentiment de vide et de futilité autant que par la sénilité proprement dite qui est le fruit de la fuite de l'esprit dans un corps trop cristallisé par le temps, un corps dans lequel l'identité véritable de l'homme ne s'est pas constituée. La «mort»ne concerne pas uniquement le corps physique dont le coeur cesse de battre, elle peut être aussi «spirituelle» et les êtres toujours en circulation ne sont alors que des «morts vivants».

APRES 70 ANS

La vie ne s'arrête pas avec cette dixième phase et, de nos jours, l'espérance de vie conduit les individus bien des années au-delà, les progrès de la médecine et la prise en compte d'une certaine hygiène de vie repoussant toujours plus loin les limites de l'existence terrestre.

Au-delà de 70 ans peut se produire ce qu'Alexandre Ruperti appelle «une troisième puberté», au cours de laquelle de nouveaux rythmes de vie parviennent à s'établir. L'action de l'esprit peut se trouver prépondérante jusqu'à une «quatrième naissance» autour de 84 ans, préfiguration de ce que sera l'au-delà de la vie...

CHAPITRE IX

# Les signes

Ils sont au nombre de 12. Chacun d'eux dépend d'un élément : FEU - TERRE - AIR - EAU.

Les quatre éléments correspondent à l'unité de la matière.

Ils ont des natures différentes : Cardinaux - Fixes - Mutables, et revêtent un caractère masculin ou féminin.

Le Soleil, astre central, parcourt de 30 en 30 degrés les 360 degrés de la sphère zodiacale découpée comme suit, en fonction de l'agencement des 12 signes qui la composent :

| | | | |
|---|---|---|---|
| du 22/3 | au | 20/4 | le BELIER |
| du 21/4 | au | 21/5 | le TAUREAU |
| du 22/5 | au | 21/6 | le GEMEAUX |
| du 22/6 | au | 22/7 | le CANCER |
| du 23/7 | au | 22/8 | le LION |
| du 23/8 | au | 22/9 | la VIERGE |
| du 23/9 | au | 22/10 | la BALANCE |
| du 23/10 | au | 22/11 | le SCORPION |
| du 23/11 | au | 22/12 | le SAGITTAIRE |
| du 23/12 | au | 20/1 | le CAPRICORNE |
| du 21/1 | au | 19/2 | le VERSEAU |
| du 20/2 | au | 21/3 | les POISSONS |

(Ces dates varient de 1 à 2 jours avec les années bissextiles)

Il faut toujours se référer aux Ephémérides qui servent de tables de calcul pour préciser, en degrés, les plages d'intervention des planètes dans les signes.

| | | | |
|---|---|---|---|
| BELIER | Dépendent | DYNAMISME | PLAN |
| LION | de l'élément ----> | IMPULSION ----> | MENTAL |
| SAGITTAIRE | FEU (Chaud/Sec) | | |
| | | | |
| TAUREAU | Dépendent | STABILITE | CORPS |
| VIERGE | de l'élément ----> | REALISME ----> | PHYSIQUE |
| CAPRICORNE | TERRE (Froid/Sec) | PATIENCE | |
| | | | |
| GEMEAUX | Dépendent de | INTELLECT | EXPRESSION |
| BALANCE | l'élément ----> | ADAPTATION ---> | DU |
| VERSEAU | AIR (Chaud/Humide) | INITIATIVE | MOI |
| | | | |
| CANCER | Dépendent de ----> | AFFECTIVITE | VITALITE |
| SCORPION | l'élément -----> | IMAGINATION | |
| POISSONS | EAU (Froid/Humide) | | |

- Les signes qui marquent le début des saisons seront dits CARDINAUX et induiront l'ACTIVITE.

* Le BELIER porte en lui l'énergie du printemps.
* Le CANCER irradie la chaleur de l'été.
* La BALANCE propose l'harmonie de l'automne.
* Le CAPRICORNE incarne la rigueur de l'hiver.

- Les signes qui culminent à l'apogée des saisons seront dits FIXES et induiront la STABILITE.

* Le TAUREAU flatte la beauté du printemps.
* Le LION impose l'autorité de l'été.
* Le SCORPION préside à la destruction de la nature.
* Le VERSEAU magnifie la cristallisation de l'hiver.

- Les signes qui régissent le passage d'une saison à l'autre seront dits MUTABLES et induiront l'ADAPTATION.

*Le GEMEAUX transforme la fleur en fruit.
*La VIERGE célèbre les vendanges du raisin mûr.
*Le SAGITTAIRE suscite la transcendance aux portes de l'hiver.
*Les POISSONS donnent le signal de la fonte des neiges.

Les signes de FEU et d'AIR sont dits masculins, positifs car ils sont combatifs, puissants, créatifs, actifs et extravertis.

Les signes de TERRE et d'EAU sont dits féminins, négatifs car ils sont réceptifs, sensibles, intuitifs, passifs et introvertis.
Ces deux énergies se succèdent en alternance dans notre univers.

Nous allons maintenant étudier en détail les caractéristiques propres de chaque signe.

Chacun présente des distinctions particulières qui permettent de le reconnaître facilement, mais ce ne sera qu'un élément très relatif d'une étude astrologique et il serait aussi léger qu'imprudent de s'en tenir là. Prenons par exemple l'étude simple et très générale d'un signe par «l'horoscope», elle ne permettra en aucun cas une analyse fiable et exhaustive.

Pour lui donner son sens véritable, il faudra l'inclure dans l'ensemble de la carte du ciel avec le jeu précis et complexe des planètes, des maisons, des aspects...

A chaque signe va correspondre un organe, une fonction ou une partie du corps humain et il peut arriver que certains signes englobent plusieurs fonctions.

Dans l'état actuel des connaissances et de la pratique, nous pouvons définir comme tel l'homme zodiaque à travers les caractéristiques de chacun des douze signes.

CHAPITRE X

# Le Bélier

Premier signe du zodiaque, c'est un signe de FEU, cardinal, centrifuge, de polarité positive à dominante positive masculine.

Gouverné par MARS en exaltation du soleil, il est symbolisé par l'animal le bélier.

C'est un signe de tête. Il génère un tempérament bilieux et une constitution fluorique.

La plante qui lui correspond le mieux est le grand origan ou marjolaine qui donne une force vitale exceptionnelle.

Les mots-clés de ce signe pourraient être : AGIR-FONCER.

C'est le plus «brûlant» et le plus masculin de tous les signes, avec pour maître le Dieu de la guerre Mars en exaltation du Soleil, source de lumière et de chaleur, de vie et de force, ce qui confère aux natifs tous les attributs du «guerrier» aimant le risque et le combat. Aussi les trouve-t-on toujours prêts pour les aventures les plus exaltantes, et aptes à dynamiser les troupes les plus récalcitrantes.

Ils vont de l'avant pour parvenir à la pleine conscience de leur propre valeur et agir en finalité, non plus par rapport à eux-mêmes, mais dans l'ouverture aux autres, l'amour de leurs semblables et le désintéressement.

SYMBOLIQUEMENT

Le Bélier est le chef du troupeau, celui qui fonce la tête la première, cornes en avant. Sa fougue en fait celui qui mène les autres, il va où il veut. On comprend, dès lors, combien il peut avoir du mal à se laisser limiter par une autorité extérieure quelle qu'elle soit. Il ne se reconnaît d'autre maître que lui-même et n'entend pas perdre sa suprématie ni ses prérogatives.

Il porte en lui une puissance colossale qui peut l'amener à faire de grandes choses. C'est un fonceur qui ouvre les portes s'il sait donner le juste assaut. N'appelle-t-on pas «bélier» cet instrument qui n'est plus guère utilisé de nos jours, mais qui servait à défoncer les plus solides portes d'entrée des villes fortifiées... ?

Le Bélier est fier de sa puissance, mais elle peut aussi tourner en violence destructrice et en brutalité aveugle dès lors qu'il trouvera une opposition sur sa route. Il ne faudra jamais oublier qu'il regarde droit devant lui mais qu'il entend rester maître de son espace, il aura donc toujours le plus grand mal à se laisser mettre dans un cadre ou à suivre une volonté autre que la sienne.

PSYCHOLOGIQUEMENT

Le natif de ce signe apparaît donc avant tout comme une personne «de tête» qui cherche toujours à prendre les devants et a bien du mal à obéir...Il n'est jamais aussi heureux que lorsqu'il prend des initiatives, qu'il peut commander, autrement dit «prendre la tête». Il est en perpétuel renouvellement, à la recherche de nouveaux défis.

Très impatient, il voudrait voir tout de suite le résultat de son action et, pour cela, il n'hésite pas à être téméraire, à prendre tous les risques. Il bousculera sans merci tout ce qui pourra se mettre en travers de sa route, et son dynamisme finira la plupart du temps par triompher.

Très indépendant, il possède un grand sens des responsabilités qu'il assumera toujours sans rechigner d'autant plus qu'elles le mettront en valeur et en avant. Il est courageux et applique ses décisions avec un grand sens de l'honneur et de la parole donnée. Mais ce n'est pas de lui qu'il faudra attendre diplomatie et ménagements !

Sa franchise «à l'emporte-pièce» en déconcertera plus d'un, et d'aucuns auront du mal à se remettre de ses «coups de cornes» parfois fulgurants.

Le Bélier est un être très volontaire qui ne s'avoue jamais vaincu. Cet individu sans détour fera toujours preuve d'une combativité remarquable, d'un grand esprit d'initiative et d'un enthousiasme à toute épreuve. De type «primaire», il réagit immédiatement et spontanément à tout, avec souvent une violence qui déstabilise celui qu'il a en face .

Il ne sait pas composer, ce qui explique ses «coups de cornes» qui peuvent être si terribles ! Il est tout d'un bloc et ne connaît pas, répétons-le, l'art subtil de la nuance. Il n'accepte pas ce qu'il ne comprend pas, en particulier le manque de fidélité ou de sincérité chez les autres. Cela le meurtrit beaucoup et il réagit en général très mal. C'est aux antipodes de son comportement, il lui sera toujours impossible d'entrer dans une telle démarche, et encore moins d'essayer de «faire semblant». Un Bélier ne sait jamais «faire semblant». Il fait ou ne fait pas, c'est tout ! Poussé aux limites de ses limites, il peut éclater en colères parfois dangereuses, toujours terrifiantes.

La droiture et la rigueur font partie de sa nature essentielle, autant que la générosité pour ses amis. En effet, un natif de ce signe sera toujours capable de donner et de se donner sans compter pour ceux qu'il aime, allant même parfois jusqu'à tout risquer. Il lui arrive alors de ne pas savoir dire non...En évolution positive, il sera capable d'actes gratuits et généreux et révélera des valeurs authentiques qui dormaient en lui.

Animé d'un dynamisme exceptionnel, il aura toujours tendance à vivre dangereusement et ce d'autant plus qu'il sera sans cesse à la poursuite d'un but, autant que possible noble (il a, ne l'oublions pas, un certain orgueil qui devient chez quelques uns un orgueil certain..!) et stimulant. Il lui arrivera même de «courir plusieurs lièvres à la fois» parce que, alors qu'il était en route vers un objectif, il en a aperçu un autre plus stimulant à côté, et il a dérivé un moment pour ne pas le laisser échapper, bien décidé au demeurant, à revenir ensuite à sa visée initiale.

C'est bien là le danger qui le guette : s'éparpiller comme le lièvre de la fable ! Comme il sera difficile à notre Bélier d'aller jusqu'au bout de l'objectif fixé, surtout si les choses traînent (il en a horreur !) et comme il est grisant de s'égarer ici ou là à l'appel d'autres aventures !

Attention aussi à cet autre danger que serait pour lui de vouloir aller trop loin et, par là, d'user trop vite ses batteries !

Il sera, bien sûr, sujet aux «coups de foudre» et ne supportera pas l'attente...Mais ce ne sera pas facilement durable. Il devra là encore, comme en toutes circonstances, accepter de connaître ses limites et de se protéger d'un risque d'«auto-submersion» par ses propres sentiments, en gardant en mémoire la parole de Freud : «La passion est une psychose socialement acceptable»

L'esprit d'un Bélier est toujours en mouvement et son activité cérébrale est incessante. Il fait preuve d'une faculté de discernement qui le singularise vite dans une masse. Il gagnerait souvent à l'utiliser davantage pour faire preuve de plus de prévoyance, dominer son impulsivité qui peut vite tourner à l'agressivité, et ne pas céder à la précipitation. S'il ne se freine pas, il sera perçu comme un être indélicat, brutal, voire immature et rebelle. Il lui faudra toujours veiller à canaliser ses pulsions et s'obliger à réfléchir avant de foncer.

S'il agit trop promptement et trop imprudemment, il ira au-devant d'incidents et même d'accidents regrettables quand ce ne sera pas irrattrapables.

Certes, le Bélier vit dans le présent et agit toujours dans l'instant, avec ce curieux mélange de fierté et de générosité, de brusquerie et de timidité inavouée (souvent cachée par une dureté verbale apparente). Mais ce n'est que par le biais de la maîtrise de son impulsivité et de son impatience qu'il se mettra à l'abri des échecs et pourra se réaliser en plénitude.

PHYSIOLOGIQUEMENT

Doté d'un dynamisme remarquable, d'une énergie et d'une endurance à toute épreuve, le Bélier a la réputation de ne pas s'écouter, et, à la limite, de mépriser la douleur. Il a beaucoup de mal à réduire son activité, même lorsqu'il est fatigué et cela peut entraîner des épuisements soudains qui le frappent comme un coup de fouet dont l'effet sur le moral ne se fait pas attendre, finissant par engendrer de véritables états dépressifs aussi intenses que ravageurs.

Tout aussi pernicieux seront les chocs affectifs qui perturbent instantanément son métabolisme et son équilibre physiologique.

Il pourra être la proie de maladies fulgurantes, induites par une déperdition trop rapide et trop radicale de son potentiel énergétique.

Sa trop grande précipitation usera et relâchera ses ligaments, ce qui le prédisposera aux entorses, fractures et autres affections ostéomusculaires qui pourront le laisser un jour perclus de rhumatismes.

Pour les mêmes raisons, un Bélier devra se méfier des risques d'accidents toujours présents dans sa vie. La tête et le visage seront les parties les plus exposées et les plus vulnérables. C'est dans ce signe qu'on trouve le plus de nez cassés ! Il pourra connaître aussi de fréquentes migraines et des pertes de cheveux ainsi que des névralgies faciales ou autres rages de dents. Le sommeil du Bélier sera souvent bref et agité, véritable «sommeil de chat», et la même hyper-excitation quasi permanente lui créera aussi des ennuis digestifs joints à des troubles hépatiques ou intestinaux.

Il devra veiller à ne pas abuser de mets épicés (attention aux condiments qu'il affectionne tant !), de vin ni de café. Il lui sera très bénéfique de prendre le temps nécessaire pour manger calmement et sainement, en évitant les aliments trop riches.

Ceux-ci, joints à ses brusques accès de violence, génèront, s'il n'y prend garde, des troubles circulatoires aussi divers qu'importuns : hémorroïdes, varices... et même artériosclérose. Toute occasion de désintoxiquer l'organisme devra être saisie comme une réelle opportunité. Le fluor sera un allié précieux pour ce bilieux hyper-hypophysaire.

Aimant plus que tout les écarts, les excès et les expériences les plus divers, le Bélier n'a naturellement aucune stabilité nutritionnelle et il lui sera très difficile de l'acquérir; elle lui sera pourtant indispensable s'il veut tenir la route....

Signalons encore quelques risques d'asthme ou d'allergies (rhume des foins, psoriasis) chez cet être dont l'émotivité est parfois exacerbée, même s'il parvient bien à la cacher.

CONCLUSION

Doté d'une vitalité naturelle assez impressionnante, le Bélier a en lui une force de récupération sur laquelle il peut compter et qui peut lui permettre, même après les coups les plus durs ou les effondrements les plus spectaculaires, de se relever plus fort que jamais.

Sa foi en lui est extrême et sa soif de pouvoir peut s'avérer illimitée. Son désir de vaincre le mettra à l'abri de toute attitude d'échec.

Toujours à la poursuite d'une aventure, il ne connaîtra pas l'ennui. Tout l'intéresse et il ne se lassera jamais de découvrir et de savoir !

Loyal et direct, il attendra des autres la même loyauté irréprochable. Il a une âme de «Robin des Bois» et peut faire preuve aussi d'une remarquable intuition, plus immédiatement claire et précise que celle d'un Cancer ou d'un Poisson (qui n'ont pas son «auto-assurance» naturelle !).

La liberté est pour lui une valeur absolue en même temps qu'un besoin vital.

Il sera téméraire, mais jamais suicidaire.

S'il renonce à ses excès, s'il ne «brûle pas la chandelle par les deux bouts», il ne sera pas inquiété dans sa santé. Avec le Scorpion, il est le signe le plus solide du zodiaque !.

Son travail essentiel sera un dépassement de son «ego», fortement marqué, pour s'ouvrir aux autres et se réaliser en se libérant de lui-même sans rien attendre en retour...Il connaîtra alors la véritable ouverture à la lumière, et par là, la «Résurrection», telle que la symbolise la fête de Pâques qui s'inscrit dans le calendrier à la pleine Lune suivant l'entrée du Soleil dans ce signe du Bélier , premier signe zodiacal..

Quoi qu'il en soit et quelles que soient les aventures de sa vie, le Bélier ne subit pas son destin ....il le forge.

CHAPITRE XI

# Le Taureau

Deuxième signe du zodiaque, c'est un signe de TERRE, fixe, de polarité négative féminine.

Gouverné par VENUS, c'est le signe de la vitalité latente qui tend vers la matérialisation et la construction, il est symbolisé par l'animal le TAUREAU.

Plutôt PASSIF EMOTIF de type secondaire, il génère un tempérament neuro-lymphatique et une constitution phosphorique.

La plante qui lui correspond le mieux est la Capucine qui permet de «garder les pieds sur terre» et assure le regain d'énergie, favorisant ainsi persévérance et concentration.

Le mot-clé de ce signe pourrait être : POSSEDER.

SYMBOLIQUEMENT

Ce qui frappe avant tout quand on regarde l'animal «Taureau», c'est la massivité de son corps d'où émane une force peu commune. Ne dit-on pas couramment de quelqu'un de particulièrement costaud : «il a une force de Taureau»? Cette solidité, cet effet de «masse» parfois impressionnante se retrouve chez les natifs du même nom.

L'animal Taureau incarne aussi la fertilité, la fécondité et cela se retrouve chez ces mêmes natifs.

Un individu «Taureau» peut donc se révéler puissant et fécond, apte à «tenir les distances». Il va s'employer inlassablement (la ténacité du Taureau et son endurance à la tâche ne sont-elles pas légendaires ?) à concrétiser son potentiel très riche et à le faire reconnaître. Mais attention au risque d'immobilisme et d'entêtement, d'intolérance et d'inflexibilité !

Il lui sera difficile parfois de se couler dans la mouvance des évènements et d'opérer les changements qui pourraient, à un moment donné, s'avérer bénéfiques.

Il devra aussi veiller à ne pas être trop prodigue, à ne pas dilapider son bien pour son propre plaisir ou encore à ne pas se laisser prendre par toutes les formes de l'avarice et de la cupidité. N'oublions pas qu'il est très important pour lui de «posséder» (aussi bien les êtres que les choses d'ailleurs) et qu'il thésaurise facilement.

PSYCHOLOGIQUEMENT

Le Taureau apparaît avant tout comme celui qui va jusqu'au bout de ce qu'il entreprend, parachevant par là l'élan du Bélier interrompu en cours de route par l'attrait d'autres défis.

Il fait preuve d'une détermination intérieure une et inébranlable. Il est solide et résolu dans ses choix, et ne revient pas en arrière. Dans son ouvrage «Tristesse de la Balance», Jacques Bertrand évoque «l'irréversibilité» du Taureau et c'est bien de cela qu'il s'agit. Car si avant de se décider et de passer à l'action, le natif réfléchit, organise de grandes délibérations avec lui-même et prend son temps (on lui reproche souvent sa lenteur), quand il s'est mis en mouvement, il devient difficile à arrêter. A vrai dire, il ne s'arrête que quand il en perçoit vraiment la nécessité et pour cela, il ne se fie qu'à lui-même. Il s'investit à fond et fait preuve d'un sens pratique qu'on ne soupçonne pas si on s'en tient à sa lourdeur apparente.Il saura, à l'usage, faire preuve de la patience, de la ténacité morale et de l'endurance physique nécessaires pour atteindre son but. Jamais un Taureau ne s'avouera vaincu, et il aura raison ! Il arrivera, quoi qu'il advienne et pour si éprouvant que ce soit, au but qu'il s'est fixé. Un de ses atouts majeurs est de savoir agir avec calme et discernement. Sa ténacité se révèle donc payante et sa patience souvent admirable. Il peut sembler manquer de mobilité intellectuelle et cérébrale, pourtant son bon sens est bien réel et sa prudence lui permet d'avancer avec assurance. A l'inverse du Bélier, répétons-le, il ne sera jamais porté à agir sur un coup de tête. Même s'il ne les aime pas et ne les recherche pas, il a le sens des responsabilités autant que celui du travail, et sa volonté aussi obstinée qu'efficace peut être redoutable.

Il saura être fidèle à une ligne de conduite, comme à des valeurs qu'il aura reconnues.

Sa stabilité le fera rechercher comme un appui solide et lui sera toujours un autre atout majeur. Un Taureau ne sera jamais rebuté par un travail régulier, surtout si celui-ci lui permet d'acquérir, de posséder des biens matériels. L'abondance le rassure et il apprécie particulièrement les bonnes choses de la vie que procure l'argent : le confort et le luxe, la possibilité d'une vie paisible, de préférence à la campagne, avec «les siens» sur lesquels s'exercera toujours cet instinct de possessivité, ce comportement de «propriétaire» par lequel il peut devenir étouffant pour son entourage.

Assez secret malgré un abord souvent chaleureux, il ne donne pas facilement sa confiance et attend des preuves de ceux qu'il a en face. Il peut se révéler serviable, doux et sociable, mais si on lui fait du tort, sa rancune sera tenace et ne s'éteindra pas, même avec lui. Il a le pardon difficile et même s'il parvient à pardonner, il ne pourra jamais effacer en lui la trace de «l' offense» qui lui a été faite.

Par ailleurs, doté d'un tempérament plutôt optimiste, le Taureau est sensible à tout ce qui flatte les sens : couleurs, bruits, odeurs. Il se révélera facilement bon vivant, particulièrement épicurien[1] et jouissif même, sensible à la beauté (beauté de la «matière» surtout) et avide de chaleur humaine.

Grand sensuel, il se donne du mal pour mériter son bonheur et n'entend pas le laisser échapper. Pour cela, il sera capable de dépasser son égoïsme latent et de donner au maximum, mais en retour il exigera un don et une fidélité sans faille.

Quelle que soit la forme que prendra sa vie, il ne se libèrera jamais de son besoin essentiel de sécurité.

Si on considère les aspects négatifs du signe, dans le cas d'une non-évolution, on doit reconnaître que le natif du Taureau est alors menacé par la convoitise, le besoin de posséder qui le poussera à s'approprier tout ce qui pourra le sécuriser, le mettre en position de force et tout ce qui satisfera ses pulsions les plus égocentriques. Il est menacé aussi par l'entêtement et l'étroitesse de jugement qui le scléroseront dans l'immobilisme le plus pernicieux. Tournant à vide sur lui-même et ses habitudes dépassées, il sera alors vite déconnecté de la mouvance de ce qui l'entoure. Et il n'en deviendra que plus étroit et plus rigide. Il se révélera enfin d'une possessivité et d'une jalousie telles que les relations avec son entourage seront particulièrement difficiles et houleuses.

---

1- *Epicurien* : Qui met la clé de son bonheur dans les plaisirs procurés par les nourritures terrestres.

PHYSIOLOGIQUEMENT

Le Taureau apparaît solide «comme un roc». Sa constitution robuste est parfois impressionnante et il semble que rien ne puisse l'abattre. Sa démarche est parfois lourde et son corps dégage une impression de pesanteur (plutôt trapu, avec un cou assez fort et court, comme enfoncé dans les épaules)

Ce signe régit le cou, la gorge, les amygdales, le pharynx, les vertèbres cervicales, la voix et jusqu'à l'absorption des aliments (en rapport avec la passage dans la gorge). La gorge reste le point faible par excellence avec de fréquentes angines, surtout dans l'enfance. Il peut y avoir aussi une certaine fragilité de toute la zone ORL.

Sur le plan hormonal, le Taureau gère la glande thyroïde. Organe des sensations et des émotions, c'est elle qui crée en nous des sentiments. Son fonctionnement détermine nos besoins, nos tendances, nos satisfactions ou nos insatisfactions. Elle est le premier facteur de l'émotionnel qui nous donne le sens de l'attirance et du plaisir. La sensibilité et la personnalité propres à chacun de nous sont dépendantes de cette glande.

Quelle est sa fonction au plan physiologique?

Elle préside aux phénomènes d'activité cellulaire et rend possible le fonctionnement des autres systèmes : respiratoire, circulatoire, digestif.

Glande oxydante, la thyroïde intervient directement dans le métabolisme cellulaire et digestif. En hyper-thyroïdie, elle «brûle» trop et entraîne un amaigrissement symptomatique. En hypo-thyroïdie, au contraire, elle ralentit le métabolisme et provoque, par une mauvaise élimination souvent cause de maladies cardio-vasculaires, la surcharge pondérale qui est un des traits les plus connus de la typologie du Taureau.

Elle agit aussi sur les contractions musculaires grâce à ses hormones. En hyper-thyroïdie, elle active le coeur et génère palpitations et tachycardie, tandis qu'en hypo-thyroïdie, elle induit un rythme cardiaque ralenti. Il s'agit d'une désadaptation.
Elle intervient encore dans la régulation de la fièvre et des immunités.

Avec son opposé zodiacal le Scorpion, qui régit les organes génitaux, il faut chercher l'implication du Taureau dans des cas de stérilité ou de problèmes sexuels. Dans sa jeunesse surtout, la femme Taureau pourra connaître des ennuis gynécologiques de toutes sortes et son éveil sexuel pourra être tardif. Après la quarantaine, elle risque de voir apparaître des fibromes ou des kystes (mammaires, ovariens). Une surveillance régulière lui sera bénéfique pour franchir le cap de la ménopause.

Le bon «coup de fourchette» naturel du Taureau devra être réfréné par les natifs du signe, sous peine de se voir sombrer dans une alimentation trop riche et trop abondante qui leur vaudra, à plus ou moins long terme, de l'embonpoint et surtout des troubles cardio-vasculaires avec un risque très net d'hypertension.

De même, si son sang est trop «riche», des furoncles et anthrax pourront apparaître.

Le meilleur atout-santé de cet être foncièrement paisible, sera de se moduler sur les rythmes de la nature et de recharger ses batteries à la campagne en se laissant rééquilibrer par la contemplation de la verdure plus sûrement que par moults traitements médicaux.

Il lui faudra accepter de faire un peu d'exercice, même s'il répugne par nature à toute gymnastique, et, en même temps, s'interdire de céder à sa gourmandise ou à ses envies de grignoter pour passer le temps.

CONCLUSION

A l'inverse du Bélier, trop impulsif, mais adaptable, le Taureau nonchalant et passif, peut devenir indifférent à tout ce qui n'est pas le sujet de sa fixation. Et la «force de la nature» qu'il représente s'épuisera vite s'il va à l'encontre de toute sagesse, surtout au plan santé....et il en est capable ! !

Les natifs du Taureau sont en général de bons vivants recherchant avant tout leur bien-être.

S'ils se complaisent et se bloquent dans leur entêtement, ils provoquent et entretiennent avec leur entourage des malentendus et des conflits, et c'est là une attitude des plus stériles.

Par contre, s'ils s'adaptent, ils se révèlent des «rocs» prudents et économes, très aimants et fidèles.

Au plan de la santé, il faudra donc tenir compte d'un certain lot de risques :

- Syndrome respiratoire : Angines, rhinopharyngites, bronchites, ganglions cervicaux.
- Syndrome métabolique : Diabète, obésité.

- Syndrome cardio-vasculaire : Artériosclérose, hypertension.
- Syndrome rhumatismal : Fragilité des cervicales.

Une bonne hygiène alimentaire et de l'exercice physique régulier seront les deux clés de la longévité du Taureau, tout à fait solide à la base.

Par ailleurs, et c'est essentiel, s'il réussit bien son évolution, le Taureau fera la découverte de sa vie en réalisant que la matière à laquelle il est si viscéralement attaché n'est que l'expression même de l'esprit.

Et, dès lors, il sera capable de tout transcender en se transcendant lui-même, il échappera à l'angoisse et donnera libre cours à ses qualités artistiques, à son sens de l'esthétique et de la beauté.

CHAPITRE XII

# Le Gémeaux

Troisième signe du zodiaque, c'est un signe d'air, mutable, de polarité positive à dominante masculine plus intellectuelle qu'active, d'où son androginie.

Gouverné par Mercure, il est symbolisé par deux jumeaux. C'est le signe du mouvement et du mental. Il génère un tempérament sanguin et une constitution «sulfur».

La plante qui lui correspond est l'aneth qui apporte la clarté d'esprit et le détachement, mais aussi le recul nécessaire à la gestion de certaines situations embrouillées. Elle favorise également la vivacité de réaction.

Les mots-clés de ce signe pourraient être COMMUNICATION et CEREBRALISATION (ou plus exactement communication par la cérébralisation).

SYMBOLIQUEMENT

Les deux jumeaux évoquent la dualité de l'être présente partout. On a souvent fait allusion au bien et au mal, au jour et à la nuit pour signifier simplement que chacun représente une polarité (positive et négative) et que les deux sont nécessaires pour faire un tout, à la condition incontournable de s'harmoniser. C'est dans l'harmonie que se fera la réalisation et que l'individu sera pleinement lui-même. On peut parler aussi de l'alliance masculin-féminin qui entre dans ce symbolisme avec tout son potentiel de fécondité.

Cette rencontre de l'homme et de la femme est bien marquée, en effet, dans la dualité parfois complexe de ce signe double et aérien, ce signe qui «a des ailes aux talons» comme son maître Mercure.

Le Gémeaux est bien dans le présent et est le symbole même de l'adolescence avec son goût du jeu et des activités multiples.

Si, par contre, il ne parvient pas à vivre sa dualité dans l'harmonie, il sera la proie de tensions et de conflits intérieurs aussi intenses que destructeurs. C'est ce qui arrivera s'il ne prend pas en compte la complémentarité de sa dimension intérieure et la dimension du monde extérieur dans lequel il évolue. A lui de savoir se situer à sa juste place dans «l'air du temps» qui représente son espace vital.

PSYCHOLOGIQUEMENT
On distingue deux types de Gémeaux :

- Le Gémeaux mental, chez lequel domine l'intellectualité plus que les sentiments. Sa devise pourrait être «je pense, donc je suis». C'est un être facilement brillant, beau parleur, phraseur même et toujours aimable. Mais est-il capable d'aimer vraiment ? Il aime l'esprit plus que le corps.

- Le Gémeaux «mouvement» qui s'inscrit plus dans le mouvement, dans la mobilité, que dans les spéculations de l'esprit. Il est à la fois partout et nulle part. Mais ce mouvement va au-delà du déplacement physique, il s'agit du «mouvement» de la «machine» dans sa globalité, contrairement au Bélier qui bouge essentiellement sa masse musculaire.
Ces Gémeaux-là se retrouveront facilement conducteurs de Formule 1 ou encore pilotes de ligne !

Mais, quel qu'il soit, le Gémeaux se reconnaîtra toujours à son esprit curieux, jamais rassasié de nouveauté, à son intelligence vive et pétillante, à ses capacités naturelles de compréhension, à sa souplesse mentale et à son adaptabilité. Tout l'intéresse et il est capable de capter plusieurs choses en même temps.

Pour lui, c'est la première impression qui compte et elle produira dans l'instant le maximum d'effet, mais l'impact ne sera pas durable. Sa spontanéité a la capacité de celle du Bélier, mais sa réaction sera plus légère, plus nuancée. De tout et en tout, il saisira immédiatement l'essentiel et saura l'interpréter. Et il n'aura de repos qu'après avoir percé et perçu le «pourquoi» et le «comment» des choses.

L'ennui avec le Gémeaux, c'est que la plupart du temps une impression chasse l'autre...! Il voit tout, note tout, mais retient peu; il ne «collectionne» pas les informations reçues, il ne les utilise parfois même pas. C'est ce qui fait dire à André Barbault que le Gémeaux est «un superficiel large».

Voyageur infatigable, le natif de ce signe partira en fait à la recherche de lui-même (sans en être toujours conscient...) à travers toutes les occasions de déplacement qui se présenteront. Il se passionnera, dans l'élan du moment, pour un projet ou une personne dont il aura connaissance et qui lui apparaîtront séduisants. Mais là encore, la durée ne sera pas garantie.

Ce signe n'engendre pas des êtres constants !

Attention au risque d'éparpillement, de désordre et d'agitation aussi permanente que stérile ! Cet être bien particulier est à la fois partout et nulle part et il a l'art subtil et consommé de s'évanouir facilement dans la nature dès l'instant où une situation lui demande trop et ne lui convient pas.

A ce moment-là, rien ne pourra le retenir, il saura user des ruses les plus inattendues pour disparaître comme par enchantement ! Mais ce qui le perd souvent, c'est qu'il ne sait pas résister à la multiplicité des sollicitations de son environnement.

Cette résistance salvatrice lui est d'autant plus difficile que son mental est, par essence, instable ! Il papillonne plus facilement qu'il n'approfondit ..ce qui le rend parfois léger et frivole, tout préoccupé de futilités. Il aime jouer avec le mental jusqu'à la manipulation inconsciente...et sous cet aspect-là, il aura énormément de mal à coller à la réalité. Il restera un être velléitaire, inconstant et superficiel s'il ne mène pas à bien son travail intérieur.

Il ne faut jamais oublier que le Gémeaux est avant tout un être mobile qui, tel le vent, peut-être brise ou tourbillon et parfois même tornade, et cela explique son impossibilité à «s'engager» vraiment. Il fuit dès qu'il se sent retenu. Mais il est terriblement inquiet s'il sent qu'on se détache de lui...C'est lui qui préfère se détacher et il admet mal l'inverse. Il en souffre d'autant plus que son environnement immédiat a un gros impact sur lui et que, pour se prouver ce qu'il est, il aura souvent du mal à dire non. Il fait facilement des promesses dans lesquelles il s'implique, comme s'il ne savait pas se refuser, mais il parvient difficilement et rarement à se donner dans la réalisation. Si on le lui reproche, il manifestera l'étonnement le plus candide. En même temps, il a si peu conscience de ce qu'il est vraiment (en dépit de son assurance apparente) que tant qu'il ne se sera pas exténué à la tâche, il aura l'impression qu'il n'a pas mérité ce qu'il reçoit, et il se sentira mal à l'aise.

Sa logique le pousse à aimer les solutions rapides, même si ce ne sont pas les plus faciles. Il saura se glisser entre les obstacles et les dépasser en souplesse. Il se révélera toujours un être très adaptable qui, peu à peu, s'il évolue bien, saura relativiser et dédramatiser les choses. Avec lui, rien ne s'inscrira dans une durée figée et sclérosante.

Il recherchera toujours les échanges dans lesquels il pourra donner libre cours à son expression brillante. Car le Gémeaux sait briller, en particulier au jeu de l'esprit qu'il affectionne tout spécialement et qui lui permet même d'éclabousser les autres de sa fulgurance intellectuelle autant que de son intelligence.

Quoi qu'il advienne, il reste tel qu'il est, même s'il paraît influençable. Il aime «tirer son épingle du jeu». Quel que soit ce «jeu» et comme le chat (qu'il affectionne aussi), il saura toujours retomber sur ses pattes.

Plus qu'un instable, c'est un impatient qui aura toujours un motif cohérent pour justifier ses changements.

Pareillement, au plan affectif, la fidélité ne sera pas instinctive chez un Gémeaux et il aura parfois un «coeur d'artichaut».

N'oublions jamais qu'il est double; quand il agit, il sent en lui un autre moi qui l'observe et, dans certains cas, le juge, ce qui peut le mettre fort mal à l'aise, mais qui lui permet aussi, dans d'autres cas, d'agir avec une plus grande facilité.

Ce n'est pas un solitaire, il a besoin de se sentir reconnu et entouré. Pour cela, il use fort bien de son pouvoir de séduction qu'il vérifie régulièrement (sauf dans le cas des Gémeaux «mentaux» qui passent pour être plus froids et plus secs). Il est naturellement courtois et plein de bonnes manières, prompt à se rendre sympathique.

PHYSIOLOGIQUEMENT

Ce signe régit le système respiratoire, les poumons, les bronches, le thorax, les mains, les bras, les épaules, la circulation respiratoire (production d'oxygène) et la circulation sanguine. Il ne faut pas oublier le lien qui existe entre ces deux types de circulation : pour travailler, le coeur a besoin d'oxygène que fixent les globules rouges.

Respiration et circulation sanguine sont aussi en lien avec la cellule nerveuse. Le mouvement induit les deux autres systèmes par le biais du système nerveux.

Le Gémeaux représente tout ce qui se véhicule et permet d'établir un contact, en particulier les bras, les mains et les doigts.

L'aspect extérieur est alerte, agile avec une grande habileté et souplesse manuelles.

Des déplacements fréquents sont nécessaires par besoin d'air et de mouvement.

Son système nerveux est à la fois sa force et sa faiblesse. Sur ce plan-là, la résistance sera inégale et imprévisible. Il pourra «tenir» au-delà de ce qu'on aurait imaginé dans certains cas et tout à coup, sans raison apparente, il «craquera» et ne récupèrera que dans le sommeil. Il lui faudra apprendre à économiser ses forces nerveuses et à éviter de s'irriter pour rien. Quand le système nerveux lâche, des troubles multiformes (dont le plus significatif est la migraine) apparaissent. L'équilibre psychologique et nerveux ne sera maintenu que par une vie régulière et stable.

Un Gémeaux s'ennuie vite et, pour tromper cet ennui, risque de se laisser aller à des excès alimentaires (qui favorisent l'obésité), au tabac, à l'alcool... Cholestérol, hypertension, maladies cardio-vasculaires le guetteront alors. Il devra être conscient de ce danger.

Il lui sera, au contraire, tout à fait bénéfique de privilégier la relaxation, les distractions culturelles, la marche dans la nature qui facilitera et entretiendra en même temps une bonne respiration.

Le système respiratoire du Gémeaux sera à ménager et à surveiller. Attention à toutes les formes de pollution atmosphérique susceptibles de l'altérer et au tabac qui est à proscrire complètement en dépit de l'attrait irrésistible qu'il exerce sur les natifs de ce signe !

Les bronchites pourront être fréquentes et des pleurésies risqueront de se déclarer dans certains cas de négligence extrême.

On notera encore une prédisposition aux rhumatismes chroniques des membres supérieurs. Pour les éviter, il est conseillé de recourir à une alimention saine et d'éviter tout excès d'excitant.

Il faudra se méfier aussi des affections ou accidents touchant ces mêmes membres supérieurs.

EN CONCLUSION

Le Gémeaux peut se révéler cyclothymique et imprévisible dans ses actions et ses réactions.

Son endurance a des limites. La fatigue négligée, accumulée ou mal maîtrisée débouchera sur un épuisement qui génèrera des troubles nerveux plus ou moins importants, porteurs d'angoisse et d'agressivité.

Si le Gémeaux opte pour un sport, il choisira spontanément celui qui mettra en évidence les bras et les mains : tennis, ping-pong, volley-ball, boxe. Il ne sera jamais une «force de la nature» comme le Taureau, mais il atteindra la précision et l'équilibre par le contrôle du mental et des réflexes nerveux. Avec lui, nous sommes dans la mouvance de l'échange double, du rythme de l'aller-retour.

Le Gémeaux semble fait pour rester jeune ...et supporte mal l'idée de vieillir. Pour bien vieillir sans trop le sentir ni en avoir l'air, il doit avant tout mener une vie régulière indispensable à son équilibre psychologique qui commande tout. La relaxation peut lui être bénéfique ...mais plus encore, le secret de sa forme et de sa longévité sera d'éviter l'ennui qui le pousserait vite à tous les excès ! ! !

A travers ce signe, il ressort bien que tout réside dans la complémentarité. C'est elle qui dynamise et enclenche les mouvements de vie.

Rien n'existe sans son contraire. Qui dit existence, dit obligatoirement et avant tout dualité. Et c'est dans la dualité que se cache la fécondité. S'il prend bien conscience qu'un principe et son contraire sont les deux pôles d'une seule et même réalité, le Gémeaux pourra être l'artisan d'échanges très féconds et aura accès à bien des aventures dans le champ de la connaissance.

Platon[1] ne pensait-il pas au Gémeaux en affirmant : «quand elle pense, il faut que l'intelligence soit double»...?

1- *Platon :* Philosophe grec de l'Antiquité, à l'origine d'une philosophie idéaliste articulant la théorie de l'être et de la nature avec celle du langage et de la politique.

CHAPITRE XIII

# Le Cancer

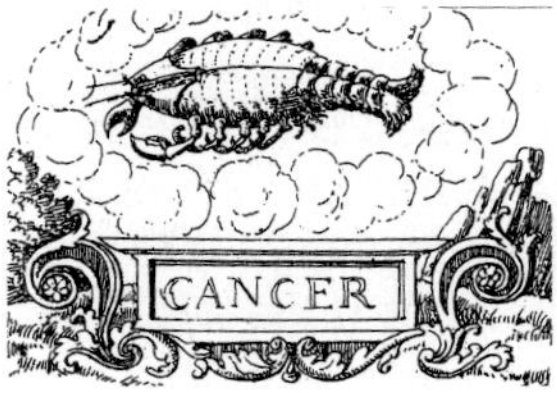


Quatrième signe du zodiaque, c'est un signe d'eau, cardinal, de polarité négative à dominante féminine.

Gouverné par la Lune, il est symbolisé par un crabe ou, plus souvent, une écrevisse.

Il génère un tempérament lymphatique et une constitution carbonique.

La plante qui lui correspond le mieux est le tilleul, plante féminine s'il en est, qui apporte force et plénitude à celui qui la consomme et qui l'entoure de chaleur autant que de protection (ce qui est indispensable à un Cancer !). On dit aussi que le tilleul rattache à la mère et permet de retrouver ses racines.

Le mot-clé de ce signe pourrait être SENTIR.

SYMBOLIQUEMENT

L'écrevisse est toujours à la recherche de sécurité ( ne se cache-t-elle pas en permanence sous les rochers ?). Un Cancer ressentira bien le même besoin et ne supportera pas un environnement hostile. Sa carapace sera son rempart face au monde extérieur. Il a un besoin viscéral d'être protégé, de rester accroché par ses pinces à ce qui le rassure. Mais il peut aussi s'en servir pour protéger ceux qu'il aime car, de protégé, il deviendra facilement protecteur par amour de l'autre. L'écrevisse marche à reculons...Le Cancer avance en regardant en arrière et ce n'est pas le meilleur pour lui !

A trop partir sans cesse «à la recherche du temps perdu», il risque de passer à côté de sa vie et, quelque part, à côté de lui-même. Il peut aussi être pris d'une grande peur de se mêler au monde et se replier sur lui-même jusqu'à un ostracisme des plus négatifs. C'est là, peut-être, le simple refus d'assumer un présent jugé trop difficile et un avenir effrayant d'incertitudes.....

## PSYCHOLOGIQUEMENT

Le Cancer projette sa personnalité là où il se trouve et fait tout pour que son milieu de vie lui soit conforme, sinon il ne «vit» pas !

Premier signe d'eau, il se caractérise avant tout par une hyper-émotivité et une grande intuition dont il ne sait pas toujours tirer le meilleur parti à cause de son manque de confiance en lui. La sensibilité et la réceptivité étonnantes dont il est doté et qui se doublent souvent de cette intuition pour le moins inattendue chez lui, lui font ressentir avec une force particulière l'impact de tout ce qui l'entoure. Son environnement immédiat et son milieu ambiant (surtout familial) ainsi que le climat mental dans lequel il évoluera, joueront un rôle essentiel dans son épanouissement. Pour s'épanouir, en effet, il aura besoin d'un milieu sympathique, chaleureux, harmonieux qui aura raison de ses doutes et de son anxiété viscérale.

Dans ces conditions, il se révélera charmant, délicat, plein de poésie et d'attention pour les autres, sensible et rêveur. Il possède l'imagination la plus féconde de tout le zodiaque, mais il a, par-dessus tout, le don de l'intimité. Près de lui, on se laisse facilement aller en confiance, mis à l'aise par son naturel et sa spontanéité conservés intacts de l'enfance. Il agit d'abord en fonction des élans de son coeur et se retrouve facilement écorché par la vie aussi bien que transfiguré par une seule minute de ferveur. Car un cancérien possède au plus haut point le sens du merveilleux; il est capable d'embellir la réalité même de sa vie, autant que ses souvenirs.

Il peut être heureux avec une intensité difficilement soutenable pour qui ne sait pas entrer en communion avec lui, mais son bonheur reste toujours à la merci de la moindre piqûre d'épingle, et ça peut faire très mal !

Pour ne pas se noyer dans son insécurité, il se créera un monde à lui, véritable univers intérieur, qu'il substituera au monde extérieur. Lunaire, le cancérien se sent «dans la nuit de la vie»; c'est par ce qui le prend au coeur et aux tripes qu'il accède à la conscience. Il s'emploie à oublier les souvenirs désagréables, à les refouler dans son «grenier des horreurs» avec les monstres de son enfance. C'est bien là une façon de se protéger, tout comme le repli stratégique derrière sa carapace en feignant l'indifférence la plus détachée, alors même qu'il éprouve toujours très fort ce qu'il ressent et qu'il reste toute sa vie l'otage de son affectivité de laquelle est exclu tout masochisme qu'on lui attribue souvent à tort. De même, à l'inverse, s'il se sent sûr de lui dans son monde, il pourra paraître dirigiste et possessif, prêt à s'approprier les êtres et les choses. En fait, il ne s'agira là encore pour lui que de se rassurer. Et il se trouvera en lutte permanente entre un réel désir d'indépendance et ce viscéral besoin de sécurisation. Si on sait «l'apprivoiser», c'est lui qui se laissera aller et on en obtiendra ce qu'on voudra.

De plus, chez un natif du Cancer, l'inconscient va jouer un rôle primordial. Il est marqué, ne l'oublions pas, par la période de gestation dont il garde une profonde nostalgie et qu'il désire toujours retrouver secrètement.

Chaque nuit, dans son sommeil, qui est son état de prédilection, il rêve, souvent malgré lui, d'y revenir et tout cela induit une crainte devant le monde extérieur, une forme de peur et d'anxiété plutôt mal contrôlées. Devant tout ce qui réprésentera pour lui l'étranger, l'inconnu, c'est-à-dire un certain danger et une inconfortable incertitude, il cherchera une protection salvatrice dans tout ce qui lui rappellera le foetus : la famille, la maison, l'ambiance du foyer ressenti comme le «cocon» dans lequel il sera à l'abri.

Régi donc par l'inconscient, le Cancérien se trouve naturellement tourné vers le passé et a du mal à avancer dans un présent qui souvent le déconcerte et parfois l'effraie. Quand il se sentira éprouvé par les aléas de la vie, c'est vers ce passé qu'il cherchera à se ressourcer, avec un respect des traditions et une fidélité rarement égalés. On verra ainsi un Cancer s'empêcher, inconsciemment peut-être, de faire totalement un travail de deuil parce que, pour lui, réagir trop vite et se remettre à faire des choses normales sembleraient trahison ou abandon envers le disparu.

Il se sent de «hier» bien plus que d' «aujourd'hui» et encore moins de «demain»! Et il doit veiller par-dessus tout à ne pas imaginer l'avenir en le peuplant des fantômes du passé !...

N'oublions pas que la mémoire du passé et l'imagination sont les moteurs de son fonctionnement ...Et Dieu sait jusqu'où peut aller l'imagination cancérienne (tant positive que négative), d'autant plus fertile qu'elle reste en lien étroit avec son émotivité !

Tout cet amalgame assez inextricable peut entraîner des névroses ou entretenir des états para-névrotiques, de même que maintenir l'individu dans des espèces de guérisons incomplètes ou du moins qu'il croit telles.

L'émotivité exacerbée du Cancer prend appui sur la certitude (pas toujours vérifiée d'ailleurs) de sa faiblesse physique. Il sait qu'il n'est pas de taille à résister à plus fort que lui, ou du moins il le croit, car en réalité, il possède des armes secrètes qui ont de fortes chances de le faire triompher «à l'usure».

Alors il préfère se réfugier dans cet imaginaire évoqué plus haut, afin de vivre ses actions dans sa tête. Et là, tranquillement, il se construit son monde, devient le spectateur de ses actes, installe ses retranchements, organise sa survie. Il peut durer ainsi des années, tant que son intuition l'y inclinera, car il est naturellement, essentiellement, très intuitif. S'il sait s'en servir, s'il se fait confiance, c'est là un de ses atouts majeurs. Il peut faire de la télépathie comme Monsieur Jourdain faisait de la prose...!! Et s'il la pratique avec sérieux et en parfaite conscience, il aura de très bons résultats.

Un autre atout majeur sera sa ténacité, sa persévérance jointe à la plus grande des forces : la force d'inertie. Tel le crabe, par lequel aussi on le symbolise, quand il tient quelque chose ou quelqu'un dans sa pince, il ne lâche pas prise et reste ferme dans ses desseins, même s'il ne fait rien de perceptible.

C'est sans bruit, sans heurt et souvent à l'insu de tous (à commencer par les intéressés autant parfois que par lui-même au niveau conscient) que s'exerce cette ténacité tranquille. C'est un peu le mouvement d'avancée et de recul de la mer par le jeu des marées, ou encore la pérennité du lierre enroulé autour d'un arbre, ce lierre qui «meurt où il s'attache»....Ainsi est le Cancer qui peut se révéler aussi un véritable «coureur de fond» quand il s'est fixé un but dont rien ni personne ne pourra le détourner, surtout s'il agit pour le bien de quelqu'un qu'il aime. Alors qu'on le dit, à tort, velléitaire à cause peut-être de ses fréquentes «valses hésitations» apparentes, du style «j'avance, je recule, j'avance» par manque de confiance en lui, il se révèle être le signe le plus obstiné du zodiaque. Mais jamais, quel qu'en soit l'enjeu, il ne cherchera à forcer le destin. Il porte en lui respect et droiture.

Notons aussi qu'il est doté d'une excellente mémoire même s'il semble souvent «dans la Lune»! Malgré une nonchalance apparente, il est capable de fournir un travail important et ce d'autant plus qu'il se valorisera à ses propres yeux ; car il a souvent tendance à se dévaloriser et il cède alors à un manque de volonté généré par des craintes irraisonnées, des phobies de toutes sortes qui deviennent facilement des angoisses. Il a, par-dessus tout, peur de ne pas être reconnu, accepté, aimé, et vit dans la hantise d'être «de trop», de se voir rejeté. Le syndrome de l'abandon le guette à la moindre occasion et une bonne partie de son travail d'évolution consiste à ne pas lui donner prise.

L'impressionnabilité du Cancer peut, à l'extrême, relever de la pathologie. Ses états d'âme on ne peut plus changeants déconcerteront l'entourage. Ne se sentant alors pas compris ni reconnu dans sa vulnérabilité, il deviendra susceptible et pourra, là encore, se replier sur lui-même à la moindre remarque qui lui semblera dirigée contre lui. Il a tôt fait de penser qu'on cherche à le blesser, qu'on le traite moins bien qu'un autre «parce que c'est lui»... et dès lors, il se bloque dans le refuge d'un repli qui n'a rien à voir avec sa nature profonde. En effet, un natif du Cancer est le type même de l'extraverti avec un besoin certain de compagnie et une capacité surprenante de présence jubilatoire.

Si on se contente d'un regard extérieur, on le jugera capricieux et instable, alors qu'il erre le plus souvent à la recherche de lui-même.

C'est avant tout et surtout un être fiable. Si on le charge d'une mission de confiance, il se révélera impénétrable et aussi inébranlable qu'un rocher. De même, il se donnera à fond pour ceux qu'il aime et sans rien attendre en retour. Par amour, mais aussi par compassion, il pratiquera spontanément le don gratuit, faisant sienne la parole de Thérèse de Lisieux : «Aimer, c'est tout donner et se donner soi-même».

Finalement, le Cancérien s'avèrera souvent ambivalent : aventureux et craintif, audacieux et conformiste, rêveur et raisonnable, très prolixe (naturellement !) et capable de se faire oublier dans le silence le plus total s'il le faut.

Au fond de lui, il aime la fantaisie, la surprise, il déteste la «routine» et ne demande qu'à être étonné, émerveillé. Il craint l'imprévu, mais en même temps, il l'appelle de tous ses voeux ! Et il gardera toute sa vie l'incommensurable capacité d'émerveillement de l'enfance.

La prédominance de l'affectivité et du «senti», une sensibilité exacerbée, le rendent adaptable, mais aussi très influençable...De «lunaire», on le dit souvent et trop facilement «lunatique». Certes, il peut être capricieux et irritant, fantasque et déconcertant, mais par certains côtés il reste fascinant, peut-être parce qu'il possède avant tout, même s'il n'ose pas toujours la révéler, «l'intelligence du coeur».

## PHYSIOLOGIQUEMENT

L'influence de la Lune qui régit tout ou presque chez les natifs du Cancer, s'exercera en particulier sur les seins, la lactation et la matrice (chez les femmes), le système digestif, l'estomac, les sucs gastriques et la digestion (fonction physiologique de la nourriture), ainsi que sur l'oeil gauche et le système nerveux

Mais avant tout, la première «maladie», et certainement la plus importante, qui guette un Cancer est son hypocondrie ! Il a, en effet, une peur viscérale d'être malade et finira, pour peu qu'il somatise par ailleurs, par éprouver tous les symptômes des maux qu'il redoutera ou s'inventera. C'est une façon inconsciente de solliciter l'attention et les soins de son entourage, et, par là, de se sentir aimé, reconnu, entouré...Il est hanté par la peur de la souffrance et de la mort et, son imagination aidant, il a tôt fait de se croire atteint d'un mal incurable et de se voir perdu...C'est le malade rêvé pour le Docteur Knock ! Très impressionnable, il voit son système nerveux souvent mis à rude épreuve et cela provoque un dérèglement des fonctions digestives.

La nutrition, en effet, constitue le point faible de ce signe. L'estomac a pour rôle de transformer les aliments par le biais des sucs gastriques et ici, il est parfois paresseux ou perturbé par les à-coups du système émotionnel.

Signe oral, le Cancer est un bon vivant, un gourmand qui ne sait souvent pas reconnaître ses pires ennemis et s'en protéger : les glucides et le sucre. Dès lors, s'il ne fait pas attention et ne s'astreint pas au respect d'une bonne hygiène alimentaire régulière, il court tout droit à l'obésité. Et ce, parce qu'il assimile mal les sucres qui se transforment en graisse.

Le conseil sera donc de ne pas trop manger et de savoir s'en tenir à des quantités raisonnables. Il lui faudra savoir adapter son alimentation à sa lenteur digestive. Attention aussi à ne pas trop dormir ! Le Cancer a un besoin irrésistible de sommeil, c'est en lui qu'il noie ses angoisses et retrouve le «giron maternel». Ce sommeil, souvent lourd et profond, constitue en effet son refuge privilégié dans lequel il se blottit comme dans le ventre maternel, pour se protéger du froid, de la solitude et de ses multiples craintes. Son réveil musculaire est long et difficile. Il est un adepte convaincu de la sieste. Ce peut être bénéfique, mais il lui faut à tout prix éviter ce qui peut entretenir un retour sur l'enfance.

Elément lunaire autant qu'élément essentiel de la nutrition chez l'enfant, les seins auront une importance particulière pour le Cancer, et la femme connaîtra fréquemment kystes, mastoses, etc....

De même, elle aura facilement les jambes lourdes et une tendance à la rétention d'eau dans les tissus, ce qui génère la formation de cellulite.

La longévité du Cancer aura sa clé dans une bonne hygiène de vie : dormir ni trop, ni trop peu (certains Cancers sont facilement noctambules pour exorciser inconsciemment leur peur de la mort), manger calmement et lentement, en proscrivant tout ce qui peut lui être néfaste (sucres, hydrocarbures, graisses, boissons gazeuses...), s'octroyer des plages de détente et de relaxation pour évacuer les multiples tensions qui l'habitent.

Premier signe d'eau, il tirera profit de tout ce qui vient de l'eau, élément doux et caressant : la natation et la thalassothérapie lui seront particulièrement bénéfiques.

EN CONCLUSION

Chez lui resteront toujours prédominants le goût du rêve et du fantasme et une certaine propension à ressusciter le passé. Mais attention à ne pas fuir les réalités quotidiennes dans un attachement au passé qui deviendra sclérose sur des souvenirs et empêchera toute évolution. Si cela était, le Cancérien deviendrait passéiste et se bloquerait dans un caractère rétrograde des plus néfastes.

Si, par contre, il évite cet écueil, il sera à même de se plonger dans une profonde introspection, sans complaisance, qui l'amènera à la véritable rencontre de lui-même pour en extraire les ressources spirituelles correspondant au développement de la conscience nouvelle éveillée dans le signe du Bélier. Très réceptif (quand il le veut !), il saura se mettre à l'écoute de l'esprit. C'est par là que passera son chemin d'évolution. Notons enfin que le natif du Cancer devra tenir compte de l'aspect prémonitoire de certains rêves autant que des signaux lancés par son intuition qui peut, à certains moments, atteindre à la médiumnité.

Rêver, c'est bien, mais réaliser ses rêves, n'est-ce-pas mieux ? On reconnaît assez volontiers que le Cancer «rêve sa vie» plus qu'il ne la vit vraiment...pourquoi, n'entreprendrait-il pas un jour de «vivre son rêve»?

CHAPITRE XIV

# Le Lion

Cinquième signe du zodiaque, c'est un signe de FEU, fixe , de polarité positive masculine.

Gouverné par le Soleil, il est symbolisé par l'animal le LION. C'est un signe d'énergie vitale de type émotif qui génère un tempérament bilieux et une constitution fluorique.

La plante qui lui correspond le mieux est le Tournesol, grande fleur éclatante comme un soleil à laquelle on attribue le pouvoir de combattre l'égoïsme tourné vers le bas et d'apporter équilibre et harmonie de «l'ego» afin de permettre à l'esprit de triompher de la matière.

Le mot-clé de ce signe pourrait être RAYONNEMENT. En effet, le Lion va rayonner ce qu'il porte en lui et faire rejaillir sur le monde ses spécificités propres.

Ce cinquième signe du zodiaque est considéré par certains comme le centre à partir duquel se distribuent les diverses maîtrises des planètes sur les signes.

Astre-maître par excellence et donneur de vie, le Soleil aura une influence prépondérante sur les natifs léoniens tout au long de leur vie. Ils se reconnaîtront avant tout à leur «style» : Ils ont de la classe et ça se voit !

SYMBOLIQUEMENT

L'animal LION rappelle l'éclat du soleil par son pelage et sa crinière, et il incarne, par là, la puissance, la majesté, le rayonnement. N'est-elle pas infinie la puissance de celui qui, ayant pleinement confiance en lui, s'affirme tel qu'il est véritablement et agit avec une assurance et une autorité sans faille? Ici, l'homme est révélé dans sa plénitude d'être à condition de ne pas se laisser aller à la séduction des valeurs illusoires et fallacieuses du monde, à condition aussi d'avoir acquis une maîtrise suffisante de soi pour ne pas sombrer dans une violence aveugle et destructrice générée par des pulsions instinctives devenues souveraines.

En effet, si le Lion symbolise avant et par-dessus tout l'éclat, la majesté, l'assurance et la puissance rayonnantes, si on peut le voir comme le type même du héros, dont il a bien l'étoffe, n'oublions pas qu'il peut, en cas de non-évolution, symboliser tout autant le despotisme, l'égoïsme et la tyrannie, capable d'écraser tout ce qui lui résistera tant qu'on ne le reconnaîtra pas comme le «Seigneur» qu'il veut être.

PSYCHOLOGIQUEMENT

Nul ne contestera au Lion son appartenance à la «race des seigneurs». N'est-il pas reconnu comme «le roi des animaux»?...Il a l'étoffe d'un chef, et d'un bon chef qui a le sens du commandement et l'intelligence requise pour l'exercer avec justice et fermeté. Le natif de ce signe sera à l'aise pour exprimer ses valeurs profondes et les étaler à l'envi de tous. Il aime la parade et son besoin de briller est constant.

Chez lui, tout se veut éclat, lumière, fierté, noblesse. S'il n'y prend pas garde, sa fierté naturelle se transformera en orgueil et la haute estime qu'il a de sa personne deviendra vite alors, dans les cas extrêmes, suffisance despotique. Doté d'une nature noble et courageuse, ardente et ambitieuse, il a généralement une grande maîtrise de lui-même et ne sera jamais guetté par la fausse modestie. Il se révélera apte à reconnaître ses défauts et ses erreurs, et sa franchise, plutôt percutante, en surprendra plus d'un. C'est un être indépendant et audacieux qui ne s'en laisse pas compter et se soumet mal à une autorité(il ne reconnaît vraiment que la sienne !)

Il a un besoin impérieux de «marquer son territoire» et de sentir son ascendant sur son entourage. Autoritaire et facilement narcissique, il ne supporte pas de ne pas être reconnu et respecté.

Il toise les autres sans même s'en rendre compte, il a l'art d'impressionner les foules et se fait volontiers théâtral. Sa préoccupation essentielle restera toujours son rayonnement et l'impact qu'il peut avoir, pour à la fois, se prouver ce qu'il est (et le prouver aux autres !) et réaliser ses desseins les plus hauts. Car il sait faire preuve d'idéalisme et de magnanimité, il est capable de grands sentiments, d'une authentique noblesse de coeur et d'âme, et il ne connaît pas la mesquinerie.

Hans Sellier le définit comme un «égoïste altruiste», ce qui peut, au premier abord, sembler antinomique, mais qui traduit bien la particularité de ce signe. C'est à travers l'épanouissement de ce qu'il est en profondeur, qu'il va vers les autres et leur fait «don» de sa connaissance. Il peut se révéler généreux, capable de donner le meilleur de lui-même pour l'idéal dont il sera habité, en restant toujours à la recherche d'une plus grande perfection. Malheur à lui s'il est mis en échec ! L'échec lui «noue» le plexus solaire. Il aura beaucoup de mal à l'accepter et il ne sera pas rare de voir un Lion s'entêter à aller jusqu'au bout de ce qu'il a décidé, même si la voie s'avère irrémédiablement sans issue...Il refuse de reculer, de faire demi-tour, il aime braver la difficulté et le danger quels qu'ils soient. Il a pour cela une volonté à toute épreuve, et il arrive qu'elle soit payante, d'autant plus que, pour si sévère que soit l'adversité, le Lion ne se départira jamais de sa grandeur. De même il n'aura qu'une parole, il ne décevra pas et il ira toujours jusqu'à la réalisation totale des entreprises dans lesquelles il se sera engagé.

Si on trahit sa confiance, si en face de lui il ne trouve pas la même droiture, la même franchise, alors il peut devenir inflexible et même cruel, se laissant aller à des explosions de fureur aussi dévastatrices qu'impressionnantes.

Un Lion sera toujours très enthousiaste, passionné même, ambitieux et en recherche permanente d'activité. Il ne supporte pas la fadeur, la monotonie ou la tranquillité. C'est un extraverti qui a besoin de bouger et de sentir qu'on le regarde bouger !

Son intelligence claire et synthétique lui permet de cerner d'emblée les problèmes et d'en appréhender la solution. Il peut fournir une somme impressionnante de travail dans lequel il se donnera sans compter et de son mieux, car il méprise par-dessus tout la médiocrité sous toutes ses formes. Et n'oublions pas le rôle essentiel de sa volonté : un Lion qui «veut» ira, quoi qu'il arrive, jusqu'au bout de son vouloir. Mais, à la différence du Cancer qui arrive à ses fins par une endurance et une ténacité tranquilles et discrètes (elles ne sont souvent pas perceptibles), le Lion, lui, aura du mal à tempérer son ardeur et fera largement connaître sa lutte. Rien, alors, ne trouvera grâce à ses yeux et ce sera éclatant.

En amitié aussi, le Lion se révèle droit et loyal, fidèle, toujours prompt à défendre ceux qu'il aime «toutes griffes dehors», et à honorer ses engagements. Mais, s'il les sent convoités par ailleurs, il sera tout aussi prompt à devenir «jaloux comme un tigre» !!

Susceptible et facilement irritable, il n'est pas rancunier dans la mesure où, quoi qu'on lui fasse, son prestige n'en pâtit pas. Car chez lui, tout tourne autour de ce prestige qui lui est propre. Nul mieux que lui n'appréciera compliments et même flatteries.

Charmeur et sûr de lui, il a le goût de tous les risques et il aime avant tout «croquer la vie à belles dents». Pour cela, sa générosité peut être «royale». Doté d'une bonne mémoire et d'un sens esthétique certain, il a tôt fait d'éclipser les autres en société et de les laisser partagés entre admiration et jalousie.

«Superbe et généreux», le Lion amoureux a des ardeurs franches et des sentiments très forts, brûlants de passion. Dans ce domaine aussi il suscitera à la fois attirance et jalousie.

Mais toutes ces tendances ne sont exactes que lorsque le Soleil, maître du signe, est en bon aspect...et que le natif du Lion gère bien son évolution. Dans le cas contraire, il ne parviendra pas à exprimer et à rayonner ce qu'il est véritablement et il ne sera que le miroir d'une personnalité aussi illusoire que fallacieuse et éphémère.

Pour s'imposer, il deviendra orgueilleux, égocentrique, jaloux, vaniteux, intolérant, déloyal, infidèle, tyrannique et.... dans les cas extrêmes, paranoïaque[1] !!! Il rejettera sans ambages tout ce qui n'est pas «sa» vision du monde et des choses, et il ne supportera ni conseil ni contradiction. Il organisera tout en fonction de lui et traitera les autres avec une condescendance souvent méprisante. Il fera en sorte de s'attirer, coûte que coûte, flatteries et louanges, allant jusqu'à la manipulation s'il le faut et, pourquoi pas, à l'écrasement des autres. Là, il pourra être redoutable, à moins que sa «grandeur incomprise» le rende solitaire et l'enferme dans un silence aussi déroutant que terrifiant.

PHYSIOLOGIQUEMENT

Le Lion se porte, en apparence, comme un charme et a la solidité d'un roc. Il semble fait de puissance et de force et sa démarche «souveraine» clame la confiance en soi. Le signe régit la moëlle épinière, la colonne vertébrale, le pancréas, le coeur, la circulation artérielle, l'oeil droit.

Le coeur sera exposé aux excès et au surmenage de ce «bilieux» capable de se laisser dévorer par les soucis de ses responsabilités jusqu'à l'infarctus

---

1- *Paranoïaque* : cf. page 42

(jadis appelé «congestion de lumière»). Plus que tout autre, un Lion doit apprendre à gérer le stress qui peut se révéler pour lui un redoutable ennemi. S'il sait ménager ses forces, et surtout son coeur, il gardera longtemps sa très grande vitalité et atteindra une belle longévité. Pour cela, il devra apprendre à «décompresser», à «lever le pied de l'accélérateur», à se distraire et parfois même , si c'est nécessaire, à changer d'activité avec l'âge. La relaxation lui permettra de reposer son système neuro-végétatif ultra sensible et de récupérer son énergie. Il devra surveiller en même temps sa tension artérielle.

La moëlle épinière est le centre primitif et premier du système nerveux cérébro-spinal, dit système autonome. C'est là que se constituent les réflexes, ou ce que l'on appelle couramment «instinct», c'est à dire la réponse directe, non raisonnée à une excitation. Tout ce circuit étant le centre des sensations, le Lion ne peut être qu'un signe émotif qui traduit en tout une sensibilité exacerbée, même s'il la cache souvent sous sa superbe naturelle. Il ressentira d'une manière beaucoup plus forte que les autres ces impressions qu'il aura, par ailleurs, bien du mal à expliquer. Il se trouvera plus qu'un autre signe exposé aux maladies de la moëlle épinière.

Le pancréas est la glande qui produit l'insuline, hormone de régulation du sucre, et nous savons que le sucre est un hydrate de carbone qui produit de l'énergie. La moindre perturbation de ce système va provoquer des difficultés de digestion des glucides et des graisses et entraîner, avec le temps, des dépôts sur les artères, eux-mêmes générateurs de troubles circulatoires et cardio-vasculaires par le biais de l'artériosclérose et du cholestérol. Le système glandulaire a une action prépondérante sur le coeur qui est un muscle, en participant à sa contraction comme à toute contraction musculaire. Toute pathologie cardiaque débute par un dérèglement glandulaire.

La colonne vertébrale sera aussi à surveiller, en particulier les vertèbres dorsales qui risquent d'être assez tôt la proie de l'arthrose. Le dos est en effet chez le Lion une zone fragile : les déplacements de disques et autres ennuis vertébraux sont souvent à l'origine de vertiges ou de toutes sortes de malaises inexpliqués. Des efforts brusques peuvent causer un relâchement ligamentaire et exposer le natif à des entorses, luxations, lumbagos et même fractures.

L'oeil droit peut présenter des risques de faiblesse particulière, mais la vue dans son ensemble est à surveiller et le port de lunettes ou lentilles de contact s'avèrera souvent indispensable.

Même s'il sait sa résistance physique forte, un Lion doit apprendre à en connaître les limites et ce perpétuel surmené aura tout intérêt à consulter de temps en temps un médecin pour un bilan de santé.

Etant gros mangeur par nature, il devra surveiller de près son alimentation, limiter en particulier les graisses et l'alcool, et purifier son foie régulièrement puisqu'il est, plus que tout autre, guetté par le cholestérol et l'artériosclérose.

Il aura tout intérêt à préserver son sommeil, à prendre si nécessaire des calmants naturels (surtout pas de somnifères !) et à faire des séances d'acupuncture. Le dérèglement glandulaire, le dérèglement circulatoire, le mauvais état de la colonne vertébrale et le dérèglement nerveux influencent grandement le comportement des Lions et génèrent la typologie d'émotif évoquée plus haut.

Le Lion supporte très mal la maladie et l'inactivité; son problème majeur restera toujours l'acceptation du vieillissement !

Face à ce qui est pour lui une véritable «malédiction», il a le choix entre deux alternatives :

- «Brûler la chandelle par les deux bouts» et en finir au plus vite, d'un coup (ou presque !)

- Se maintenir jeune le plus longtemps possible par tous les moyens... et ces moyens, il les sait à sa portée.

EN CONCLUSION

Au plus profond de lui, le Lion se sent fait pour être cette «lumière du monde» dont parlent les écritures sacrées.

Parvenu à un certain degré d'évolution, il peut être à même d'éclairer la conscience de ceux qui l'entourent et de leur révéler une autre dimension du monde.

CHAPITRE XV

# La Vierge

Sixième signe du zodiaque, c'est un signe de TERRE, mutable, de polarité négative à dominante féminine.

Gouverné par Mercure, il est symbolisé par une jeune fille (vierge) portant un épi de blé.

C'est un signe de mouvement qui génère un tempérament nerveux et une constitution phosphorique.

La plante qui lui correspond le mieux est la lavande, celle qui «nettoie», qui purifie et élève (sa couleur bleue rappelle la couleur de l'esprit). Par son parfum, on la dit stimulante pour le mental et propre à faciliter le don et le service.

Le mot-clé de ce signe, le seul de tout le système astrologique à être essentiellement et exclusivement mercurien, pourrait être : ASSIMILATION.

SYMBOLIQUEMENT

La Vierge incarne la pureté et la chasteté, le détachement de toutes les concupiscences charnelles. De là découlent le respect et la mise en pratique d'une grande rigueur morale et spirituelle, d'une rectitude à toute épreuve.

La jeune fille tient un épi de blé, c'est le symbole du travail et du fruit de ce travail, somme de bien des expériences.

Le natif de la Vierge doit être un jour à même d'évaluer son «travail», ses acquis, son évolution et de se remettre en question si besoin est.

Mais, sous un aspect négatif, la Vierge peut incarner l'étroitesse d'esprit et de jugement allant jusqu'à un puritanisme totalement erroné. Elle engendre alors frustation et sècheresse, sclérose et enfermement. L'épi de blé perd,dans ce cas, toute sa symbolique initiale.

PSYCHOLOGIQUEMENT

Le natif de la Vierge sera un être d'analyse et de bilans, qui passera au crible toutes ses expériences pour en tirer le meilleur profit et se recadrer si nécessaire.

C'est, en effet, un être méthodique à l'extrême qui fait preuve d'un grand sens de l'organisation. Chez lui, tout passe par le mental qu'il met au service de son évolution par le biais de la critique, de l'auto-critique et de l'analyse sans complaisance.

Très perfectionniste, doté d'un sens particulièrement aigu du détail, dans le moindre détail, il aura à coeur d'aller toujours plus loin et de faire toujours mieux.

Chacune de ses décisions se trouve, dès lors, appuyée sur une logique claire, mesurée, raisonnable. Ses idées sont précises et bien ordonnées, ce qui se traduit dans ses paroles et dans ses gestes. Son sens du devoir est constamment étayé par une inlassable recherche de rigueur, d'ordre, de discipline, de droiture. Rien ni personne ne le fera déroger aux principes qu'il aura faits siens. Et ses acquis, il ne les gardera pas jalousement pour lui, mais en fera profiter les autres...

Un natif de la Vierge pense aux autres avant de penser à lui-même. Faisant toujours preuve d'une grande prévenance, il saura se montrer serviable et dévoué, allant s'il le faut, jusqu'au sacrifice. On le trouvera toujours prêt à tous les dévouements, et si chez lui, généralement, la tête commande le coeur, c'est avec une objectivité et un discernement jamais contestés qu'il déterminera qui a besoin de lui. Il refusera toujours toute forme de compromis et ira, lui aussi, jusqu'au bout de ses engagements. Sa détermination, son courage et son intégrité seront souvent cités en exemple.

Pour être heureux, il a besoin de sentir le bien-être d'autrui et il fera tout ce qui est en son pouvoir afin d'y contribuer. Il se révélera adaptable et prévoyant, avec le souci constant d'une sécurité à long terme pour lui et les autres.

A son pragmatisme exemplaire, à son esprit naturellement logique et analytique, Mercure ajoute la sensibilité, la mobilité et la suractivité intellectuelle. Il surprendra souvent par sa facilité de travail, son endurance à la tâche et son efficacité.

Le seul écueil reste le doute de lui-même; s'il parvient à le dépasser, rien ne l'arrêtera plus.

Un virginien aime la lecture et a l'esprit curieux. Une solide mémoire lui permet de faire parfois étalage de connaissances variées mais, au demeurant, superficielles. Il aime donner des conseils et a la critique aisée, aidé en cela toujours par Mercure qui entretient en lui un mental alerte et prêt à capter toutes les idées. L'assimilation est rapide si bien que souvent il fait figure d'encyclopédie vivante ! Mais les «encyclopédies», même «vivantes» ne sont pas particulièrement drôles, et la vie auprès de ces natifs n'est pas toujours des plus divertissantes. Ils redoutent l'imprévu et ont besoin de sentir assurée la sécurité du lendemain pour être à même de donner leur mesure. Ils sont paralysés par la moindre incertitude ou le plus petit souci matériel. Leur besoin d'ordre et de propreté, leur crainte des microbes peuvent tourner à l'obsession. Ils en deviennent facilement alors égoïstes et maniaques...

Mais cela ne les empêchera pas de se révéler toujours dévoués à l'extrême pour une cause ou une personne qui leur tient à coeur. Là, on peut leur accorder toute confiance : faisant fi de leur réserve et de leur modération naturelles, ils sauront être efficaces et mèneront les choses à bien. C'est un paradoxe de leur nature.

Quoi qu'il en soit donc, la Vierge restera toujours guidée par la raison plus que par les sentiments qu'elle a d'ailleurs bien du mal à révéler. Son comportement sera conditionné par une grande pudeur et beaucoup d'inhibitions. Et, dans quelque situation qu'elle se trouve, elle saura toujours mieux que personne, analyser les divers éléments en jeu et mettre dans toute approche une méfiance naturelle. L'essentiel pour elle sera «d'accomplir son devoir», d'avoir une vie «en ordre», de «servir». Et elle agira toujours en vertu de ses deux valeurs fondamentales : la persévérance et la modestie.

Il faut noter encore qu'un besoin constant d'idéal et de perfection confère au natif de ce signe une ambiguité qui le rend agité, anxieux et même peu sûr de lui, au point parfois de le rendre stérile. Sa nervosité peut le faire devenir insupportable. Cela entraîne une surexcitation mentale pour trouver une solution à ses problèmes, pour faire taire ses doutes et inhibitions. Tout sera alors non seulement analysé mais comptabilisé. Et comme il manque toujours un détail quelque part, le Virginien sera rarement en harmonie et en paix. Il en deviendra même mélancolique et dépressif et connaîtra alors des maladies psychosomatiques dont nous reparlerons plus loin, en abordant le plan physiologique.

Tout cela concerne le type le plus répandu, que l'on pourrait appeler «Vierge sage».

Signalons que l'on peut rencontrer, plus rarement, le type «Vierge folle» chez qui tout prend des proportions exagérées et dont l'énergie est parfois surprenante. Elle sera bavarde, indiscrète, voire impudique. Elle balaiera tout conformisme, fera éclater l'univers raisonnable et se jouera de toutes les valeurs traditionnelles. Tout en elle sera démesure et un état d'excitation quasi permanent lui donnera souvent la sensation d'être épuisée. Elle fera preuve aussi d'initiative et d'ambition.

De toute façon, en règle générale, si le natif de ce signe évolue mal ou insuffisamment, il tombera dans la pusillanimité et se perdra dans des soucis de détail qui l'empêcheront d'arriver au bout de ses analyses ou des actions entreprises.

Sans projet constructif, son esprit critique se déchaînera et ses critiques seront négatives. Il sombrera dans le scepticisme et se révélera souvent amer et cynique, ce qui ne le conduira à rien de bon.

Il n'aura plus aucune confiance en lui et se condamnera à une existence médiocre bien en deçà de ses capacités. Il se murera dans des principes inflexibles et refusera toute ouverture, tombant dans l'égocentrisme, l'avarice et la mesquinerie. Il n'existera plus que pour lui, à moins qu'il ne se mette au service d'un fanatisme aveugle.

PHYSIOLOGIQUEMENT

Ce signe régit les intestins et le foie, non pas l'organe lui-même, mais la fonction hépatique, digestive. Les intestins sont le laboratoire où s'effectue la chimie de transformation des aliments en nutriment énergétique de nos cellules.

Une assimilation défectueuse va provoquer un effet destructeur des cellules et ouvrir la porte à des maladies de dégénérescence.

Le natif de la Vierge pourra donc être exposé à des troubles d'assimilation et de métabolisme, de façon périodique ou parfois chronique. Il ressentira des nausées, des vertiges, de l'aérophagie....Il sera en général attentif à son alimentation et n'aura aucun mal à se discipliner pour analyser dans le détail la composition de ses repas et rechercher l'équilibre nutritionnel dont il sait avoir besoin. Les fonctions digestives pourront souffrir aussi des défaillances du système nerveux, des conflits, des angoisses qui agresseront le sujet. Dans ce cas, il sentira son estomac se fermer, il ne pourra plus rien avaler ou presque... et il se retrouvera victime d'une indigestion en n'ayant mangé que quelques feuilles de salade !

Attention aussi à des risques de dépression ! Rappelons que le Virginien peut être facilement maniaco-dépressif et a tendance à être trop sédentaire.

Par ailleurs, son squelette plutôt longiligne peut s'avérer fragile, en particulier au niveau de la colonne vertébrale avec aussi parfois, un manque de tonus musculaire.

Mais bien des maux viendront de sa nervosité et seront des maladies psycho-somatiques qui se manifesteront par des colites, des ballonnements, des pertes d'énergie et de vitalité, de la fatigue, des troubles d'assimilation du calcium. Un excès de nervosité induira des contractures musculaires pouvant aller jusqu'à des sensations de «boule dans la gorge», de douleurs osseuses ou dentaires. Et ce d'autant plus que la Vierge, très pudique et secrète, essaiera toujours de tout endosser et de ne rien laisser paraître.

Elle gagnera beaucoup à apprendre à se décontracter, à ne plus être dérangée ni déstabilisée par l'imprévu, à ne plus «tirer sur la corde» jusqu'aux limites de sa résistance nerveuse, à ne plus être dans l'analytique, à sortir de son univers trop «rangé». Plus que tout autre, elle ne devra jamais perdre de vue que «le mental est menteur» !

Le plus léger malaise la met dans une inquiétude terrible et elle suivra avec le plus grand sérieux et au pied de la lettre les traitements qu'on lui ordonnera.

Notons enfin que de l'adolescence à la ménopause, la femme de ce signe ne sera pas épargnée par les ennuis spécifiquement féminins (kystes, fibromes, hémorragies...)

EN CONCLUSION

On peut dire que la Vierge a avant tout besoin de stabilité et de sécurité, d'ordre et de précision, mais elle doit veiller à être moins préoccupée de ce qui se fait autour d'elle et à modérer sa propension à la critique. Elle devra aussi apprendre à sortir de sa réserve et à provoquer les évènements qui, bien souvent, n'arrivent pas tout seuls. Mais, en toute circonstance, elle gagnera à se maîtriser et à ménager son système nerveux. Alors, elle ira bien !

Ce signe demeure un signe de service à une dimension supérieure : après une longue maturation intérieure, l'être sera capable de s'épanouir à travers le don, l'acte gratuit, en entraînant les autres vers de nouvelles expériences de vie dans le désintéressement le plus total.

Dans cette optique-là, il considèrera le pouvoir, l'avoir et le valoir non plus comme des acquis personnels, mais comme des instruments au service des autres. Et par là, il échappera, de la manière la plus sûre, à l'emprise de l'ego.

CHAPITRE XVI

# La Balance

Septième signe du zodiaque, c'est un signe d'air, cardinal, de polarité positive masculine.

Gouverné par Vénus, il est symbolisé par une balance.

Signe de l'équilibre (équilibre des jours et des nuits à l'équinoxe d'automne), mais aussi de l'indécision, il génère un tempérament sanguin et une constitution «sulfur».

La plante qui lui correspond le mieux est la rose, symbole de l'amour et de la beauté la plus achevée. Elle a la réputation de favoriser l'ouverture à l'amour et à toutes les valeurs nobles du coeur. Elle crée des liens privilégiés entre les êtres faits pour s'aimer.

Le mot-clé de ce signe pourrait être : HARMONIE

C'est dans l'amour que le natif de ce signe va réaliser son évolution et s'ouvrir véritablement aux autres.

Vénus qui régit la Balance est ici toute en élégance, sensible à l'esthétique des formes et de l'apparence, alors que la Vénus du Taureau était toute instinctive et naturelle au sens littéral du terme, c'est-à-dire plus sexuelle.

Saturne, dont la Balance est le lieu d'exaltation (il y séjourne deux ans et demi tous les trente ans) pourra apporter une certaine influence stabilisatrice.

SYMBOLIQUEMENT

La Balance est l'emblème de la justice, du jugement. C'est sur elle que va se faire la pesée des pensées et des actes, et ce depuis la nuit des temps

C'est donc en elle que vont s'incarner les aptitudes à la discrimination par laquelle chaque expérience sera évaluée. Elle représente l'objectivité et l'impartialité les plus parfaites, dans l'équilibre le plus absolu. En oscillant avec son balancier d'un point à un autre, elle évoque la conciliation des contraires et l'harmonie possible, même au sein d'une opposition apparente et donc capable de la neutraliser.

Au plan négatif, car il peut exister, elle symbolise l'indécision, les atermoiements et, en finalité, l'incapacité de trancher vite et bien, si ce n'est même de trancher tout court !

PSYCHOLOGIQUEMENT

Il va falloir compter avec le jeu des deux plateaux de la Balance, en sachant que l'un porte la pensée, la réflexion, et que l'autre porte l'esthétique , l'émotionnel. Le «jeu» consistera, bien sûr, à les harmoniser, à les maintenir en juste équilibre, ce qui ne sera pas toujours facile. Au moindre souffle, à la moindre brise passagère, un mouvement d'oscillation, un «balancement» s'installera. Les natifs de ce signe sont d'une sensibilité extrême et risquent de se sentir très vite agressés dans leur équilibre. Même s'ils affichent souvent une sérénité à toute épreuve, ils perçoivent en réalité tous les évènements avec une acuité des plus intenses. L'impact sur eux est très fort. Pour se protéger, ils mettent d'ailleurs spontanément en place un «dispositif de sécurité» efficace, fait de conciliation et de diplomatie. Sachant toujours précaire cet équilibre qui est leur quête permanente, ils pèseront, en toutes circonstances, le «pour» et le «contre», et feront preuve d'un bon jugement, que l'on souhaiterait parfois plus rapide, et qui le serait sans les trop grandes hésitations de la Balance ! Il faut que ces êtres parviennent à surmonter leur crainte viscérale de se tromper, de n'avoir pas fait le bon choix, afin de passer à l'action immédiate à partir du moment où ils ont évalué et jugé une situation. Il ne sert à rien, non plus, de revenir en arrière et de se perdre en conjectures sur les possibles du choix qui n'a pas été fait... Attention à ne pas devenir «l'âne de Buridan», ou à ne pas préférer le renoncement au choix...!

Toute capitulation est un recul qui se cache derrière une apparence de tranquillité momentanée et qui grève sérieusement l'avenir.

Les natifs de la Balance jouissent d'un rapport privilégié à l'autre grâce à l'expérience de l'amour dans toutes ses dimensions, qui fait le fond de leur tempérament et imprègne toute leur existence.

Ils entrent facilement en communion avec ceux qu'ils ont en face, communion affective d'abord qui peut également devenir, au fil du temps, intellectuelle et spirituelle. Leur aptitude à communiquer est grande et ils ne sont heureux que dans la mesure où ils ont de bonnes relations avec les autres. Ils partagent spontanément et font preuve d'un grand respect d'autrui.

D'ailleurs, ils ne font rien sans en tenir compte et ils veilleront toujours à ne pas blesser ni agresser leur vis à vis. Ils savent faire preuve d'une diplomatie particulièrement efficace pour obtenir conciliations ou pacifications. Cette espèce de compromission de bonne guerre passera parfois, à tort, pour une lâcheté dont ils seraient tout à fait incapables. Ils ont horreur de faire de la peine, autant qu'ils ont peur qu'on leur en fasse. Ils cherchent à se montrer aimables envers tous, en quête constante de paix et d'harmonie, ce qui les conduit à la tolérance et à la compassion. Cette quête de l'équilibre, car c'est bien de cela qu'il s'agit, sera toujours la préoccupation majeure de ce signe qui est avant tout le signe de la relation à l'autre dont la devise pourrait être «plaire et séduire».

De tous les signes du zodiaque, c'est celui qui ne se trouve qu'au travers des autres et dans une relation harmonieuse, cela va de soi. Aussi, fuyant toute discussion pour éviter les inimitiés, est-ce dans le charme que les natifs trouveront leur force. Ils projetteront sur l'autre leur propre sensibilité et seront toujours influencés par le regard d'autrui, l'espérant constamment valorisant. De peur de déplaire, ils auront du mal à dire «non»!

On les reconnaîtra donc comme des êtres aimables, agréables, sociables, au goût très sûr, fortement attirés par les arts (surtout la musique), la philosophie, la poésie, parfois même contemplatifs...avec une belle intelligence et un jugement fiable.

Leur sens esthétique et artistique certain les rend très sensibles à la beauté sous toutes ses formes et à tout ce qui exhale de l'harmonie. C'est ainsi qu'un environnement déplaisant leur sera insupportable et que l'injustice, de quelque ordre qu'elle soit, les déstabilisera au plus haut point.

La force de la Balance se cache dans son «fléau» qui reste vertical et inébranlable, car elle est animée de grands principes de rigueur, voire d'intransigeance, d'un grand sens de l'équité et de la justice nécessaires à la bonne circulation des idées. Les natifs de ce signe appliqueront dans leur vie ce remarquable esprit d'équité et partiront en guerre contre toute forme d'injustice envers eux et envers les autres, quitte parfois à se laisser entraîner dans d'invraisemblables procès.

De même, ils pourront s'abriter derrière un certain conformisme. On les dira, de ce fait, moralistes, alors qu'ils sont, par nature, tout à fait capables de la plus grande ouverture de vue et de compréhension, à condition que ce soit juste et équitable ! Disons, plus simplement et plus «justement», que la Balance est un signe «à principes».

L'oscillation, évoquée au début, pourra induire un caractère changeant, passant, sans raison apparente, de l'optimisme au pessimisme et de l'enthousiasme à la mélancolie. Il faudra en particulier veiller à se protéger de l'environnement, à ne pas être trop influençable,trop perméable à ce qui vient de l'extérieur. Et ce sera d'autant plus difficile que, gouvernée par Vénus, la Balance a, avant tout, besoin d'aimer et d'être aimée.

Elle se donnera toujours beaucoup de mal pour gagner l'estime, l'affection, l'amour des autres.

Si elle manque de contacts humains, si elle ne se sent pas aimée, elle sombrera vite dans la dépression la plus profonde. Et elle redoute pardessus tout la solitude qui la rend vulnérable. Ce charmeur-né, qu'est le natif de la Balance, répandra son charme avec largesse, voire prodigalité. Romantique et sentimental, il séduit sans peine et en est heureux.

Sa séduction est enrichie par une intelligence habile autant que par ce sens de l'esthétique, de l'harmonie et cette prédisposition artistique très prononcée dont il a été question plus haut. Il est capable, répétons-le, du plus grand raffinement et cela fait partie des atouts de sa séduction.

La femme Balance, quant à elle, aura du mal à sacrifier ses caprices et fera tout pour vaincre les résistances s'opposant à son désir. L'amour sera la grande affaire de sa vie. Cultivée et intelligente, élégante et raffinée elle aussi, elle saura se faire apprécier.

Qu'il soit homme ou femme, un natif de la Balance ne s'accomplira totalement que dans une vie amoureuse harmonieuse. Ce n'est que dans une vie de couple solide et bien établie qu'une Balance sera complètement elle-même, réalisée en plénitude.

Toutefois, s'il évolue négativement, l'individu ne parviendra jamais à sa réalisation et sombrera dans l'incertitude, l'indécision et la tiédeur en tous genres. Il n'atteindra pas cette ouverture qui lui est demandée à travers l'expérience d'amour. Il en deviendra hypocrite et tous les rapports en seront faussés. On le considèrera comme quelqu'un sur lequel on ne peut pas compter, quelqu'un capable de tromperie et de trahison. Par peur de se tromper ou de déplaire, il restera toujours «entre deux eaux», allant jusqu'à faire preuve d'un laxisme et d'une irresponsabilité aux antipodes de son tempérament initial. Aveuglé par les apparences, il oubliera alors que l'essentiel réside dans la beauté intérieure.

Sans en arriver à ces cas extrêmes, il reste certain que les natifs de la Balance vont être constamment tiraillés entre le sentiment et le souci de justice qui devraient les rendre actifs, et l'engourdissement voluptueux de leur désir de plaire qui aurait plutôt tendance à les rendre passifs.

Quoi qu'il en soit, tout chez eux se présentera toujours en finesse et en grâce, tout se voudra toujours charme et séduction, et on remarquera, en toutes circonstances, une distinction naturelle jointe à la justesse du geste.

PHYSIOLOGIQUEMENT

La Balance est reconnue comme un signe de beauté qui donne à ses natifs un corps généralement harmonieux, équilibré et bien proportionné qu'ils soigneront tout particulièrement. Ils ne sont guère attirés par l'effort physique, mais doivent tout autant se méfier des excès sensoriels qui risquent d'affaiblir leur vitalité de la même façon. Car leur constitution n'est pas très robuste.

Ce signe régit le système rénal, la vessie, le canal urinaire, les vertèbres lombaires, les glandes surrénales.

La santé sera le plus souvent perturbée par une grande sensibilité des reins. Leur mauvais fonctionnement entraînera une élimination précaire et pourra provoquer une chute d'énergie par intoxication du sang, par l'urée, par des cystites, des collibacilloses, des néphrites et parfois même l'apparition de calculs urinaires. Il sera donc nécessaire de boire beaucoup pour «laver» les reins abondamment et permettre à cet organe de bien remplir son rôle.

Une autre forme de «mal aux reins» affectera aussi les natifs de la Balance. Ce sont les problèmes vertébraux localisés surtout dans la région lombaire : arthroses, hernies, déplacements de vertèbres... ainsi que rhumatismes et contractures musculaires des lombes (lumbagos).

De quelque nature qu'elles soient, les crises surviendront surtout en période de conflit, de tension, de chocs ou d'instabilité affective.

En effet, l'extrême émotivité de la Balance met en jeu les surrénales qui réagissent à toute forme d'agression, si minime soit-elle (bruit, peur,contrariété, violence, surprise, choc émotionnel..) et déclenchent des décharges d'adrénaline, substance de régulation du stress.

La circulation sanguine peut aussi s'en trouver perturbée. Les problèmes affectifs ont un impact très fort sur leur santé et il vaut mieux pour eux ne pas prolonger les situations de conflit ou de tension permanente car leur état pourrait se délabrer spectaculairement jusqu'à déboucher sur des dépressions graves.

La femme Balance est en cela particulièrement vulnérable à cause de son hypersensibilité. Même si elle parait endurante, elle ne doit pas aller au-delà de certaines limites de fatigue sous peine d'avoir alors les plus grandes difficultés à «remonter». Elle peut se trouver également victime aussi d'allergies (surtout cutanées) et d'une certaine fragilité des ovaires.

Notons enfin que le natif de la Balance devra toujours compter avec une énergie plutôt faible qui nécessitera pour lui une recherche constante du «juste milieu», garant de l'équilibre, car les extras demandent une mise en cause de soi qui, à long terme, sera trop importante pour lui. On peut donc dire qu'en raison de cette constitution fragilisée par l'émotionnel (qui la régit essentiellement) et ses fluctuations inévitables, le bon équilibre, la «juste mesure» se trouvera dans le respect des règles d'hygiène de vie, seules capables d'écarter tout excès et, par là, toute imprudence.

Un certain exercice au grand air, dans de larges espaces, sera recommandé. Il permettra une oxygénation bénéfique de l'organisme et donnera, à l'homme surtout, l'activité physique qu'il néglige au profit de l'activité subjective qu'est la séduction.

L'alimentation gagnera à être légère : éviter les patisseries, privilégier les aliments porteurs de sodium et de phosphore, les salades, les fruits et légumes frais, les laitages. Eviter aussi tout ce qui peut irriter : condiments, thé et café forts...Les repas devront être réguliers et pris dans la tranquillité.

Mais par-dessus tout, c'est l'hyperémotivité qu'il faudra gérer pour parvenir à une réelle maîtrise de l'émotionnel. La relaxation et toutes les activités artistiques pourront y aider efficacement.
Et dès lors, la Balance sera longtemps en mesure de plaire !

## EN CONCLUSION

On ne peut pas clore l'étude de ce signe sans faire remarquer que c'est à travers lui que s'exprime le mieux l'incapacité de tout être à assurer seul son propre salut, puisque c'est l'oeuvre d'amour qui assure la rédemption.

A travers tout acte d'amour, c'est à la puissance suprême que l'homme participe et, qui dit amour, dit présence de «l'autre» face à soi-même. N'est-ce-pas le message que Richard Wagner a voulu nous transmettre dans son magnifique «VAISSEAU FANTÔME» : Seul l'amour aurait le pouvoir de sauver le marin présomptueux de l'errance éternelle à laquelle son défi téméraire l'avait condamné.

Pour réussir (et il le peut) l'homme ne devra jamais se couper de la vérité, mais veillera à lui rester fidèle dans la sincérité et l'intégrité.

CHAPITRE XVII

# Le Scorpion

Huitième signe du zodiaque, c'est un signe d'eau, fixe, de polarité négative à tendance féminine.

Gouverné par Mars en individuel (énergie) et par Pluton en collectif, il est symbolisé par l'animal, le scorpion.

Il génère un tempérament lymphatique et une constitution carbonique.

La plante qui lui correspond est le basilic qui était reconnu chez les anciens, à la fois comme un poison douloureux et comme une source de guérison. Symbole de mort et de renaissance,il a toujours des effets bénéfiques sur la sexualité...Rien d'étonnant à ce qu'on établisse un rapport étroit entre cette plante et le signe du scorpion.

Les mots-clés de ce signe pourraient être : DESTRUCTION. EVACUATION, et en même temps (d'où le paradoxe) : SENSIBILITE INTROSPECTION, CONTRÔLE des émotions.

Ce signe est un des plus difficiles à décrire de par une apparente contradiction jointe à son côté mystérieux et secret. Si le Taureau, son signe antagoniste, a créé la forme de vie, le Scorpion, lui, la détruit. Signe d'absolu, il a pour faculté essentielle le renouvellement par excellence. Dans l'absolu positif d'évolution, il donne naissance à une forme nouvelle après avoir tout détruit. Il semble détenir un pouvoir de vie et de mort sur lui-même comme sur les autres.

SYMBOLIQUEMENT

C'est le signe du mystère, porteur d'une certaine «noirceur». Animal nocturne, le Scorpion se protège en n'apparaissant pas au grand jour. Il cache sa véritable nature sous une carapace bien dure et il répand un venin brûlant avec sa queue. Ce venin brûlant symbolise bien le désir, les pulsions sexuelles et instinctives profondes que le Scorpion humain devra canaliser pour transformer en énergie purifiante et libératrice, ce qui pourrait être la plus terrible des forces destructrices.

En négatif, il peut symboliser une activité exacerbée et désordonnée de tous ses instincts, jointe à une impassibilité apparente et à une certaine fourberie.

PSYCHOLOGIQUEMENT

Le natif du Scorpion voudra aller toujours plus loin avec lui-même et sa quête ne sera jamais satisfaite. Il demandera toujours plus, toujours mieux et à n'importe quel prix, avec une intransigeance qui, parfois, fera peur. Et ce qu'il exigera de lui-même, avec une lucidité impitoyable, il l'exigera aussi des autres dont il attendra une endurance semblable à la sienne. Il est vrai que sa force intérieure est irrésistible et que rien ne peut l'endiguer. Si bien que souvent, détruire pour reconstruire semble pour lui la seule possibilité de résoudre sa propre contradiction intérieure, il est mû par l'action et en même temps plongé dans le gouffre sans fin de la mort. Il tient cela de son maître, Pluton, dieu des enfers.

Avec lui, les limites, quelles qu'elles soient, devront être sans cesse repoussées toujours plus avant. Chacun, et lui -même d'abord, devra donner, sans compter, le meilleur de soi.

C'est souvent par la révolte et la prise de risques qu'il échappera à la destruction systématique. La passion qui l'habite le rend capable de toutes les transformations. Sa vie quotidienne se fait course ardente, fulgurante, parce qu'il sait justement que la mort existe et que, quelque part, elle le fascine. Son inconscient est souvent perturbé par des remous opposant sa polarité féminine à la virilité du bâtisseur qui l'habite aussi. C'est l'opposition de la vie et de la mort, avec tout ce que cette dernière peut exhaler de fascination.

Le Scorpion a le goût du mystère, du secret, des interdits, et se sent irrésistiblement attiré par le fantastique, l'occulte, l'invisible, tout ce qui peut le précipiter vers les abîmes où règne l'angoisse. Il montre un intérêt certain pour la magie, l'ésotérisme autant que pour la philosophie et la métaphysique. Rien n'arrêtera son élan fougueux s'il se met à la recherche du sens profond et caché des choses. Pas question pour lui de s'arrêter aux apparences et de s'en contenter ! Il fera toujours preuve d'une grande lucidité à laquelle se joindra la remarquable perspicacité de son intelligence vive et pénétrante qui peut se faire perverse quand il découvre les failles, les faiblesses de son interlocuteur. Il pourra alors le «casser» avec fulgurance et efficacité. Les affrontements le stimuleront et c'est quand il se sentira perdu qu'il aura les réactions de salut les plus spectaculaires. Il aime aller jusqu'au bout de la peur et du danger, comme s'il voulait en permanence tester son instinct de survie.

Paradoxalement, c'est au fond du désespoir qu'il se régénèrera et il saura transmettre aux autres cet extraordinaire pouvoir de rebondissement pour les faire avancer, même quand tout semble perdu.

Il est toujours difficile, pour ne pas dire impossible, de connaître ses pensées, ses sentiments, ses intentions. S'il est vrai qu'il aime tout savoir des autres, il est tout aussi vrai que lui se révèle peu et qu'il cache, sous une apparence de confiance et de contrôle de soi, de véritables torrents émotionnels sur lesquels nous reviendrons.

C'est par son regard, intense, pénétrant, quasiment hypnotique parfois, qu'il va sonder les tréfonds des pensées d'autrui. Ce regard n'appartient vraiment qu'à lui... Il fascine et inquiète à la fois, il dérange toujours ! Si le diable avait un regard, ce pourrait être celui-là !

Et le Scorpion cultive ce regard satanique qu'on lui reconnaît. Il contribue à renforcer sa présence magnétique et l'attrait qu'exerce son fort charisme sur ceux qui l'approchent. Il entretient aussi le mystère dont il s'entoure comme d'un rempart pour cacher et protéger sa sensibilité et son émotivité de signe d'eau. Ce sont elles qui vont provoquer la recherche constante du contrôle de l'émotionnel jusqu'à la dissimulation. Cette maîtrise des émotions est le fruit d'une curieuse alchimie qui tient à la fois de l'orgueil et de la pudeur.

Le Scorpion est en permanence rongé par le désir, tourmenté par de multiples passions, mais il ne supporte pas l'idée de les laisser percevoir. Se mettre ainsi «à nu» lui serait insupportable. Il aime avant tout, pour se protéger et se rassurer, afficher sa différence, et il joue de son regard pour donner le change, il prend encore plus de plaisir à s'imposer ainsi et à passer au crible, sans complaisance aucune, tout ce qu'il a en face de lui. On pourrait dire à la limite que, plus il se sent impressionné, plus il se fait impressionnant... D'autant plus qu'à son intelligence particulièrement perspicace et pénétrante déjà évoquée, s'allie un esprit d'une causticité redoutable, parfois impitoyable jusqu'à la cruauté. Il aime manipuler les autres et les mener là où il veut. Et si on lui résiste ou si on le trompe, ses rancunes peuvent être aussi tenaces que ses attachements. Car le Scorpion est un fidèle qui accorde difficilement sa confiance et ne s'attache pas à la légère, mais quand il le fait, c'est du définitif. Il ne se reniera pas !

Il ne fait rien à moitié et quand il se lance dans une entreprise, il a en lui toute l'énergie nécessaire pour la mener à bon terme. Son esprit résolu et indépendant, ainsi qu'une certaine auto-suffisance, en font un excellent statège...Et s'il n'est pas suivi, il n'hésitera pas à poursuivre seul son chemin parce qu'il sait où il va et pourquoi il doit y aller. Il lui arrive même de passer d'un extrême à l'autre, et de tomber dans une forme de mysticisme pour transcender ses pulsions les plus obscures. Il peut alors devenir un «aigle» impressionnant, se donnant corps et âme pour une cause exaltante au service de laquelle il vouera son orgueil, son endurance morale et son énergie exceptionnelle. Son sens inné de la justice et de la loyauté lui feront rejeter toute forme de compromis, même si le pouvoir de l'argent exerce sur lui une certaine fascination. C'est en travaillant dur et honnêtement qu'il réussira et parviendra aussi à la liberté et à la paix intérieure qu'il recherche tant.

Mais il devra toujours compter avec sa faiblesse essentielle qui se cache dans sa tendance à l'auto-destruction et qui génère en lui une véritable «névrose d'échec». Dans ce cas, il utilisera ses étonnantes réserves d'énergie à faire échouer ses propres entreprises, à se dévaloriser, à sombrer dans l'obscurité la plus profonde. Et à l'extrême, il peut aller jusqu'au suicide ! C'est ce qui le guette dans le cadre d'une évolution négative, ou plutôt d'une non-évolution, puisqu'alors il s'avère incapable de canaliser ses pulsions les plus désordonnées. Il deviendra facilement brutal et extrémiste, agressif et intolérant, capable de détruire tout ce qui se mettra en travers de sa route, et bien sûr, en même temps, il s'auto-détruira.

Aussi est-il essentiel pour lui de se surveiller en permanence et de fuir tout ce qui peut réveiller ses pulsions les plus négatives ou ouvrir des brèches dangereuses dans sa carapace de défense.

Anxieux et nerveux de nature, il doit veiller à ne pas transformer ses conflits intérieurs en maladies. Et très paradoxalement, il s'affronte à ses angoisses pour tomber dans ses excès. Il a besoin de prendre conscience de cette anxiété omni-présente, toujours latente en lui, ainsi que de son agressivité constitutive, pour échapper à son propre piège et ne pas succomber aux tendances suicidaires qui peuvent le guetter.

A l'inverse, s'il se laisse aller à son sadomasochisme, c'est l'être aimé qui deviendra sa cible et c'est dans son coeur qu'il plantera son dard impitoyable. Le Scorpion n'est-il pas le seul signe du zodiaque à avoir pour emblème un animal venimeux?

Tout cela cachera en fait une grande vulnérabilité, une sensibilité à fleur de peau, mais impitoyablement refoulée...Un Scorpion se déconsidèrerait lui-même en se laissant aller à montrer attendrissement ou apitoiement !

Ce passionné a viscéralement besoin d'entretenir avec autrui des rapports de force, souvent pénibles, dans lesquels il se voudra, bien sûr, meneur du jeu. Il sera redouté pour sa capacité de froideur, de cruauté et d'égoïsme.

Capable des plus surprenantes transformations, c'est dans l'attachement à un noble idéal qu'il parviendra à transcender ses tendances négatives et auto-destructrices et qu'il se sauvera. Si, par malheur, il ne parvient pas à se sauver en détruisant pour reconstruire, c'est-à-dire en utilisant sa force créatrice pour neutraliser le mal et édifier le bien, alors il sombrera irrémédiablement dans de terribles états d'angoisse qui le tireront vers le bas.

Il sera toujours très difficile, pour ne pas dire impossible, de connaître le fond de l'âme d'un Scorpion par-delà son caractère absolu parfois orgueilleux, son esprit curieux, sa forte volonté et sa grande endurance morale...Ce tendre qui se cache sous l'apparence d'un dur, cultivera savamment son propre mystère dans lequel résidera toujours, il le sait bien, une partie de sa force.

PHYSIOLOGIQUEMENT

Ce signe régit les organes génitaux, la fonction hormonale génitale, le gros intestin, le nez. En règle générale, le Scorpion a une santé de fer et a du mal à comprendre qu'on puisse être malade. Il récupère aussi rapidement que facilement et son dynamisme impressionne toujours l'entourage. Et quand il connaît des troubles, c'est comme s'il trouvait en eux sa force de récupération.

Son énergie réside avant tout dans sa sexualité. Il est doté d'une forte puissance sexuelle et se révèle très endurant dans ce domaine. Mais attention à ne pas abuser des plaisirs de la chair, ce qui pourrait avoir de fâcheuses conséquences sur la santé !

Les hommes de ce signe se trouveront prédisposés à des troubles de la prostate, à des malformations génitales de naissance, alors que les femmes seront sujettes à des troubles des ovaires et de l'utérus, à un déséquilibre hormonal, à des règles douloureuses, à des hémorragies et inflammations diverses. Il pourra y avoir stérilité ou risque de fausses couches. La sexualité représentera toujours un problème pour les natifs des deux sexes.

Les risques de maladies vénériennes sont plus présents chez eux que chez d'autres, de même que des troubles parfois liés à leur anxiété profonde : impuissance pour les hommes, frigidité pour les femmes. Mais à l'inverse, on peut trouver aussi une sexualité débridée qui les poussera aux pires excès et imprudences.

Ils pourront, de même, être sujets aux hémorroïdes et aux fistules anales, ainsi qu'à d'autres problèmes circulatoires d'ordre plus général.

Il faut signaler encore des possibilités d'ennuis dans la région de la face : rhinites allergiques, malformations nasales, coups sur le nez....

Mais la menace la plus réelle pour la santé d'un Scorpion est intérieure. Elle vient de son anxiété constitutive, de la présence familière de l'angoisse, de ses tendances auto-destructrices et de la fascination que la mort exerce sur lui. Les problèmes seront plus psychologiques que physiques. La psychanalyse, ou tout au moins une bonne psychothérapie, pourra lui être particulièrement bénéfique. Les médecines dites parallèles pourront aussi très bien lui réussir.

On ne peut que lui recommander de l'activité physique pour exercer l'endurance peu commune qui est la sienne. Les sports virils lui permettront d'assumer et de canaliser sa sexualité. Il peut présenter des dispositions particulières pour les arts martiaux qui allient action et concentration, ainsi que pour la boxe et le tir à l'arc.

Au plan alimentaire, il lui vaudra mieux ne pas abuser de stimulants et éviter la cuisine fortement relevée ainsi que tout ce qui pourrait provoquer des irritations des muqueuses (bien des natifs souffrent facilement de l'inflammation du côlon), mais privilégier les aliments riches en calcium et en soufre.

De nature aquatique et très attiré par l'eau, il tirera le plus grand profit de toutes les cures thermales ou de thalassothérapie.

EN CONCLUSION

On peut dire que le Scorpion, signe d'eau, confère à ses sujets une personnalité intense, profonde et pénétrante, dotée de ressources physiques et émotionnelles très puissantes. Leur mémoire (émotionnelle en particulier) sera infaillible. Mais ils seront toujours en dualité entre la force de leur sexualité et le refus de leurs pulsions. Cette dualité mal gérée peut, s'ils ne trouvent pas d'échappatoire, nourrir leur agressivité et entretenir leur mal-être.

Tous ces travers, s'ils ne sont pas sublimés, risquent d'amputer l'importante énergie vitale que possède le Scorpion. A lui de savoir accomplir l'oeuvre de transmutation tant physique qu'émotionnelle, mentale et spirituelle, qui doit être la sienne. Il fera alors de ses pulsions une source intarissable de régénération et d'illumination.

Son magnétisme sera puissant et il installera sa vision et son approche des êtres et des choses dans une dimension supérieure. Son étonnante acuité d'esprit saisira dans l'instant l'essence même de ce qu'il a en face de lui.

Et dans cette perspective, l'acte sexuel deviendra sacré, acte d'union de deux êtres qui se sont entièrement donnés (dans le cadre bien sûr, d'une authentique relation «conjugale», c'est-à-dire relation «d'amour»).

Ainsi réalisé, le Scorpion sera véritablement porteur de la puissance de l'amour.

Face à des natifs parvenus totalement à se transcender, nous serons en présence d'êtres d'exception qui ont compris et réalisé l'alchimie de la vie et de la mort.

En cela, la vie du Scorpion restera une quête perpétuelle.

CHAPITRE XVIII

# Le Sagittaire

Neuvième signe du zodiaque, c'est un signe de FEU mutable, de polarité positive masculine.

Gouverné par JUPITER, il est symbolisé par un CENTAURE. Il génère un tempérament bilieux et une constitution fluorique.

La plante qui lui correspond est l'angélique, réputée pour protéger des épidémies, neutraliser les venins, donner confiance et prolonger la vie en assurant la protection des anges («angélique»). Utilisée régulièrement, elle rendrait plus sensible la protection divine sur l'individu.

Les mots-clés de ce signe peuvent être : EXPANSION, EVASION, mais en même temps CONFORMISME.

SYMBOLIQUEMENT

Le centaure, cet être mi-cheval/mi-homme, galope en pointant une de ses flèches vers les cieux. Doté d'un buste humain et d'une tête humaine, il est prédisposé à subordonner à l'âme (buste) et à l'esprit (tête) les instincts primaires incarnés par son arrière-train chevalin. On le dit capable d'une grande sagesse, comme le centaure Chiron[1] dans la mythologie grecque.

Au plan négatif, il risque d'incarner une exagération de l'ego aliéné par les instincts mal réprimés, et de symboliser l'attitude jouissive la plus aveugle et débridée.

---

1- *CHIRON* : Personnage de la mythologie grecque connu pour avoir été l'éducateur, le formateur d'Achille.

Le Sagittaire lance donc des flèches tous azimuths et part ensuite ventre à terre pour les rechercher. Cela explique son penchant pour les déplacements quelle que soit leur forme. Il a avant tout besoin d'évasion pour se déployer, et, s'il ne peut pas l'avoir, il deviendra vite claustrophobe. L'évasion chez lui peut aussi être spirituelle; il foncera alors là où personne ne va et découvrira, pourquoi pas, l'impossible.

Le Sagittaire arrive après le changement opéré dans les angoisses et les ténèbres par le puissant Scorpion. Il s'impose d'emblée comme le signe de l'enseignement de la philosophie, du grand voyage au propre (voyage à l'étranger, à la découverte de terres nouvelles) ou au figuré (voyage intérieur vers la quête religieuse, spirituelle, ésotérique).

Il instaure un pont entre deux états, entre ciel et terre. Son idéal serait d'unifier en lui la matière et l'esprit, le fini et l'infini, autant que de trouver un point de rencontre entre les différents courants, souvent antagonistes, que ce soit d'ordre spirituel, social ou culturel. N'oublions pas qu'il est le domicile de JUPITER, le «grand bénéfique», planète de l'expansion et de la chance...qui donne aussi le sens de la grandeur et l'amour du noble et du beau.

PSYCHOLOGIQUEMENT

Le Sagittairien portera en lui la noblesse des sentiments jointe à une force souvent exubérante. C'est un grand idéaliste doté des aspirations les plus élevées et d'un optimisme à toute épreuve. L'élargissement de sa pensée et la largeur de ses vues sont tels qu'il se sent toujours prêt pour toutes les découvertes. C'est le feu qui couve sous la cendre et qui, soudain, fonce dans l'enthousiasme généreux que donne la confiance en la vie.

Voyageur et chercheur inlassable, il est toujours prêt à refaire le monde, tant au propre qu'au figuré. De nature confiante, il aura une foi inébranlable. Et cela lui sera utile, car il porte en lui, souvent à l'insu de tous, la réalité humaine qu'il trouve parfois bien lourde... Cela peut induire en lui une insatisfaction profonde et attiser son besoin d'évasion :
- « On n'est bien qu'ailleurs...» disait Paul Eluard, en bon Sagittaire.

Un Sagittaire le sait bien, lui qui semble toujours désireux d'autre chose, pour être meilleur et aller plus loin. Pour lui, rien ne pourra s'avérer d'emblée impossible !

Il saura se montrer libéral, bienveillant et tolérant. Il comprendra les limites, les hésitations, les erreurs, les faiblesses des autres et aura toujours la sagesse de s'en dissocier en prenant le recul nécessaire, ce qui est une preuve de réalisme certain. Nul ne pourra mettre en doute son esprit pratique.

Le natif de ce signe apparaît, en quelque sorte, comme un guide qui a en charge de conduire l'aventure humaine. Il a d'ailleurs un goût marqué du risque, de l'aventure, autant que du dépassement des limites (les siennes propres, comme celles qu'on peut lui imposer).

Il ne se départira jamais de cet irrésistible besoin de transcender la réalité humaine dont il se sent porteur, pour l'ouvrir à un autre monde, divin et lumineux dont il a la perception. Son audace est sous-tendue par des qualités et des talents qui génèrent la réussite. Il croit résolument en sa bonne étoile...et les faits lui donnent souvent raison. Il a de la chance.

Il est jovial et enthousiaste, sociable et très intuitif, idéaliste et naïf, et il est, en général, très aimé par son entourage. C'est comme si, à son contact, tout semblait plus facile. Il peut se révéler à la fois indépendant et conformiste (il se rangera toujours du côté de la légalité), aventureux et bourgeois.

Le présent ne l'intéresse que par les possibles «avenirs» qu'il recèle. Avec lui, l'horizon en apparence le plus fermé ne peut que s'élargir. Son esprit est direct, rapide, pénétrant, il fonce et regarde vers le haut (nobles aspirations) même s'il lui arrive de s'attarder parfois sur le passé (mais beaucoup moins qu'un Cancer !)

Il saura se montrer juste et charitable, rendant service facilement dans un élan de générosité spontanée et il se trouve amené parfois à faire des promesses qu'il ne tient pas. Dans l'instant il est sincère, mais ne mesure pas vraiment l'étendue exacte de ses possibles.

Susceptible, il supporte mal les critiques et peut avoir des emportements et des colères terribles après avoir gardé un calme de surface.

Une de ses grandes préoccupations sera de comprendre le pourquoi des choses, et sa perspicacité peut être étonnante, voire prophétique.

La sincérité, la bienveillance,l'amour de la justice et de l'ordre, ainsi que le sens du devoir font bien partie, répétons-le, de ses qualités majeures. Mais s'il ne sait pas évoluer, le Sagittaire tombera dans la démesure et la mégalomanie. Il ne sera plus à même d'évaluer ce qu'il y a à faire et ce qu'il peut faire. Tout sera faussé. Il deviendra irréaliste et vaniteux, se croyant capable de tout et ne donnant finalement que bien peu. Par irresponsabilité, il ira alors au devant de risques exagérés et se centrera de plus en plus sur lui-même et sur ses propres besoins.

Il se croira tout permis et trompera les autres sur ce dont il est réellement capable. Grisé par cette illusion, il en deviendra facilement hautain et paternaliste, n'écoutant que lui-même et voulant donner des leçons à tout le monde.

De toute façon, on doit distinguer deux Sagittaires, même si la plupart des natifs sont faits d'un mélange plus ou moins savant et réussi de l'un et de l'autre :

- Le Sagittaire gouverné par le Centaure-cheval sera enclin au sport et particulièrement à l'équitation. Il aimera le jeu et, dans sa forme extrême, n'aura ni foi ni loi, n'aspirant qu'à satisfaire ses plaisirs. Il sera plutôt égocentrique et aura tôt fait de repousser d'un coup de sabot virulent tout ce qui l'empêcherait de parvenir à ses fins. Il présentera un aspect bien campé, une allure d'athlète.

- Le Sagittaire gouverné par le Centaure-archer (homme), flèche pointée vers le ciel, sera noble, idéaliste, soumis aux lois. Il sécurisera son entourage par son sens de la solidarité et, à l'âge mûr, saura devenir un être de responsabilité dans la société. Il ne la révolutionnera pas, mais sera plutôt conformiste et conservateur. Il ne voudra à aucun prix risquer de perdre son prestige. Il sera franc, prompt au dialogue et prêt à défendre les causes désespérées. Il fera un excellent avocat, se moquant des susceptibilités et se faisant un bonheur de jouer les conseillers. Il pourra même avoir un côté «paternaliste», et choisira toujours la voie de la légalité pour lui et pour les siens. Il sera autoritaire et aventurier, prêt à exploser devant le moindre obstacle, mais jamais rancunier, ni revanchard. Il prendra les bons risques au bon moment et, pourquoi pas, il découvrira l'impossible.

Le Sagittaire parfait réunira en lui ces deux Sagittaires et sera à la fois cheval et archer, mû par les forces instinctives de l'un et spirituelles de l'autre, admirablement confondues, et reconnaissable à sa carrure athlétique surmontée d'un noble visage.

PHYSIOLOGIQUEMENT

Ce signe régit le système hépatique : foie, vésicule biliaire, mais aussi les hanches, les cuisses, le nerf sciatique, les fesses et la circulation artérielle des jambes.

De nature plutôt gourmande, le Sagittaire devra éviter toute surcharge alimentaire et toute nourriture trop riche que son foie n'appréciera pas. S'il se laisse aller à trop «bien vivre», il deviendra vite sujet à l'auto-intoxication (par défaut d'élimination) et à maints désordres pléthoriques.

De plus, son énergie ayant besoin d'être alimentée, c'est dans la nourriture riche prise en bonne compagnie, qu'il trouvera le moyen privilégié de se réénergétiser. Ce sera, certes, très bon pour le moral, mais fort mauvais pour le système digestif-hépatique qui n'arrivera plus à faire son travail..et cela se traduira par un excès de mauvais cholestérol responsable de l'artériosclérose, de la cellulite, de la couperose ou encore de divers rhumatismes.

Un autre moyen de se réénergétiser sera pour lui le sommeil réparateur qu'il aura tendance à prolonger plus que de raison. Le Sagittaire est un gros dormeur et il sait que c'est sa meilleure arme contre la maladie.

Son autre point faible se situe au niveau des hanches, des fesses et des cuisses, avec une fragilité particulière du nerf sciatique, ce qui peut entraîner des coxalgies, sciatiques, crampes et même claquages musculaires (cuisses).

On constate souvent chez lui une hyperlaxité ligamentaire, tissulaire et même veineuse (d'où apparition fréquente d'hémorroïdes et de varices avec risques de phlébites).

Tous ces handicaps de locomotion seront d'autant plus ennuyeux et mal vécus que le Sagittaire aime galoper...!

Emotif, nerveux, il va se trouver dans un état d'excitation quasi-permanente qui provoquera une tension génératrice elle aussi de crampes, contractures musculaires ou autres entorses.

Il est comme la braise vivace, toujours prête à s'enflammer, et s'il est contrarié ou doit réfréner trop fortement ses pulsions de colère ou de plaisir, il s'offrira des réactions cutanées : eczéma, problèmes de peau (herpès, boutons de fièvre) , allergies.

Son humeur fluctuante le rendra sujet aux états dépressifs succédant à des états d'euphorie ainsi qu'à des colères subites et terrifiantes («Jupiter tonnant» armé de sa foudre) qui le laisseront ensuite épuisé. Des risques de maux de tête sont encore à signaler.

Mais dans l'ensemble, le Sagittaire est doté d'une vigueur infatigable et d'une capacité de récupération aussi rapide que spectaculaire. Musclé, voire athlétique, il passe pour posséder une «santé de cheval»

Il devra éviter à tout prix la sédentarité qu'il ne supporte pas et savoir que son équilibre psychologique peut s'avérer précaire.

## EN CONCLUSION

Il ressort que le bon équilibre, pour un Sagittaire, va résider dans le maintien de sa forme qui est son atout majeur. Il est, par nature, attiré par le mouvement et le sport. Il lui faudra donc se dépenser physiquement, en particulier au grand air.

C'est ainsi qu'il fera le mieux circuler en lui le sang et la vie ! Le contact avec la nature lui sera bienfaisant, par le biais de grandes randonnées à pied, ou en vélo, ou encore à cheval (animal qui lui apportera beaucoup).

Il lui faudra aussi régulariser son sommeil en s'interdisant surtout les siestes trop longues qu'il aurait tendance à privilégier. Mais un repos bien dosé lui sera toujours nécessaire.

Il lui faudra, en même temps, manger raisonnablement en tenant compte des aliments bénéfiques (céréales, légumes verts, viandes et poissons maigres, fruits frais, aromates) et en particulier de l'apport de silice dont il a besoin. Il aura tout intérêt à éliminer l'alcool.

Un Sagittaire qui saura abandonner ses critères de base, ses certitudes premières, ses acquis et ses convictions pour se laisser modeler et sublimer par l'amour absolu qui l'ouvrira aux réalités de l'esprit, celui-là aura réussi son évolution et parviendra à sa réalisation pleine et entière.

C'est ici l'aboutissement du profond retournement de soi amorcé dans le signe de la Balance (vers l'autre d'abord pour aller ensuite vers Dieu).

Le natif Sagittaire aura une vie intérieure intense qui le rendra encore plus acteur de la réalité quotidienne pour la transcender et lui donner sa pleine mesure. Il aura une conscience très aigüe de la dimension sacrée de l'existence.

Pour être en parfaite harmonie avec lui-même, cet éternel «Sagittant» aura tout simplement besoin de se trouver un idéal philosophique ou spirituel auquel il se donnera tout entier, et de se ménager, toujours, la possibilité de partir à l'aventure...touristique!

CHAPITRE XIX

# Le Capricorne

Dixième signe du zodiaque, c'est un signe de TERRE, cardinal, de polarité négative féminine.

Gouverné par SATURNE, il est symbolisé par une chèvre à l'arrière-train de dauphin.

Il génère un tempérament bilieux et une constitution phosphorique.

La plante qui lui correspond le mieux est l'épicea qui représente la droiture et la rigueur. On lui attribue le pouvoir de donner le goût de la perfection et d'amener à la compassion véritable.

Les mots-clés de ce signe pourraient être : LONGEVITE, DETACHEMENT.

SYMBOLIQUEMENT

La chèvre qui gravit allègrement toutes les hauteurs, incarne l'élan profond qui va propulser l'homme à la cime de son être, lui permettre d'aller toujours plus haut que ce qu'il peut s'être lui-même fixé. Le dauphin, lui, représente plutôt celui qui sauve, qui va chercher le baigneur en péril, autrement dit, celui qui convertit le danger en salut. L'amalgame des deux (chèvre et dauphin), va donner la capacité d'accès à la sérénité, voire à la contemplation, en se détournant des dangers passés, c'est-à-dire en opérant une véritable conversion.

Ce signe correspond à la «maturité» qui a compris que l'élévation passe par le dépouillement, tel l'ermite qui laisse ses bagages derrière lui, qui abandonne tout pour se transcender et, par là même, se réaliser. Et c'est bien dans sa période de maturité que le natif capricornien va véritablement se trouver, se révéler, exister tel qu'en lui-même.

C'est dans l'ascèse que le Capricorne évolué aura sa réussite. Il tient de Saturne, son maître, une notion d'éternité qui le remplit d'une patience à toute épreuve, capable d'utiliser le passé pour nourrir le présent en préparation de l'avenir.

Au plan négatif, la chèvre peut symboliser la course incessante au pouvoir dans un égocentrisme exacerbé et le dauphin devient le véhicule des pulsions instinctives les plus primitives et les plus destructrices enfouies tout au fond de l'être. L'ensemble entraîne une rigidité égocentrique à laquelle tout doit être assujetti, et ce d'autant plus que sera perçue clairement la finitude de toute existence.

PSYCHOLOGIQUEMENT

Le natif du Capricorne surprendra par sa grande puissance de concentration autant que par sa ténacité qui deviendra souvent de l'acharnement à aller au-delà de toutes les difficultés pour concrétiser son projet.

Il fera preuve d'un sens très fort du réalisme et de la stratégie, ce qui l'amènera à accepter tous les sacrifices apparents ou immédiats pour parvenir plus sûrement à ses fins, à la réalisation pleine et entière de ce qu'il a décidé. A l'inverse du Sagittaire qui est un sprinter, le Capricorne se révèle un véritable coureur de fond qui aura la persévérance et la résistance nécessaires pour atteindre les objectifs qu'il s'est fixés.

Sa volonté peut être inflexible, et elle l'est souvent. Il saura agir avec ordre et méthode, en évaluant justement tous les éléments des problèmes, des situations, autant que les individus eux-mêmes.

Il part du principe que le temps est son allié et que, de toute façon, pour si longue que soit l'attente, il sera récompensé de ses efforts. Il sait faire preuve d'une grande objectivité, prenant les choses telles qu'elles sont, sans chercher à les transformer. Très sérieux de nature, il n'accordera aucune place à la fantaisie, tant dans son être que dans ses agissements. La raideur de son esprit égale celle de son corps. Il s'en tient à ce qu'il connait et demeure un traditionaliste. Toute audace novatrice lui semblera folie et le raidira davantage. Il a, avant tout et toujours, besoin de s'appuyer sur des preuves concrètes pour acquérir l'assurance que demandent ses responsabilités. On trouve beaucoup de Capricornes à des postes clés dans l'organisation de la matière, tels des chefs d'entreprises ou des chefs d'état. Il est tout à fait capable de se cristalliser des années sur des devoirs qu'il s'est fixés et de fuir les choses nouvelles, pour mieux fuir, à travers elles, l'inconnu !

Son intelligence analytique ne reculera jamais devant un travail de longue haleine, surtout s'il concerne des recherches historiques, scientifiques ou philosophiques en lien avec le passé. Il aime aller au coeur des problèmes et quelle que soit son évolution, il gardera toujours le goût des choses concrètes. Il a besoin de toucher la réalité du bout du doigt, mais souvent la vérité dépasse la raison humaine....

Par ailleurs, souffrant d'une frustration de naissance, le Capricorne vit dans la hantise d'être abandonné ou rejeté, et se maintient lui-même par là en perpétuel état de manque. Cela engendre un besoin viscéral de gentillesse, d'égards de toutes sortes, de reconnaissance de soi, mais lui, de son côté, ne se départira jamais d'une certaine froideur et avancera toujours au ralenti.

Il aura du mal à extérioriser ses sentiments, mais fera tout pour se rendre indispensable. La fidélité, dont il fera souvent son atout majeur, sera en réalité sous-tendue par un sentiment aigu, parfois même exagéré, de la responsabilité à l'égard des autres. Car être responsable, c'est être nécessaire, et ce sera pour lui une façon de se protéger du syndrome d'abandon. C'est dans le travail essentiellement qu'il nourrira sa sensibilité douloureuse, parfois proche de la sensiblerie (pour la femme).

Introverti, le Capricorne se retire en lui-même et se défend de tout ce qui lui est extérieur. Cela engendre une inémotivité apparente qui le rend froid. Il organise avec maîtrise tout un système de défense et de repli dans sa tour d'ivoire pour se protéger de ce monde qui l'effraie. Il est souvent mal à l'aise dans sa «carcasse» à laquelle il trouve beaucoup de défauts. Avec l'âge, les complexes s'estompent pour laisser place à une certaine confiance en soi. En dépit d'un orgueil inné, le Capricorne est capable de faire preuve d'une grande sévérité et d'une extrême exigence envers lui-même comme envers les autres, tout autant qu'il sait se montrer ambitieux et dirigiste. C'est encore une façon de se protéger, puisqu'en tenant les autres sous son pouvoir, il risque moins de se trouver lui-même dépendant d'eux.

Il saura masquer ses faiblesses, mais si un affrontement se profile dans l'environnement, il préfèrera l'éviter par le biais des compromissions, même s'il ne les aime pas. Car en fait, il a horreur du mensonge et de tout ce qui est faux. Et le jour où il laissera éclater sa colère accumulée, ce sera un véritable cyclone qui emportera tout sur son passage.

On pourra encore ajouter que le Capricorne est un être trop sérieux, qui ne sait pas s'amuser ni se détendre, c'est un être de parole, simple et, finalement, quand il le veut, ...diplomate ! mais la vie avec lui risque de manquer de piment et de fantaisie.

Sous un angle négatif, qu'il faut aussi considérer, le Capricorne devient incapable de quelque réalisation que ce soit, il sombre dans le pessimisme et se sclérose. Il apparaît alors borné, très étroit d'esprit, assujetti à des idées fixes, peu loquace, pour ne pas dire asocial.

Il refuse encore plus radicalement toute nouveauté, et se replie sur lui-même, en proie à de fortes angoisses. Trop figé, il n'accordera aucune place à l'affectif, l'imaginaire ou le spirituel, et son caractère se durcira jusqu'à devenir froid et insensible. Aveuglé par les apparences, désormais incapable d'aller au fond des choses, il essaiera de se rassurer en étant dominateur ou alors il sombrera dans la tristesse débilitante et la négativité passive.

PHYSIOLOGIQUEMENT

La vitalité de ce signe est faible. Enfants, les natifs sont difficiles à élever, mais passée la période de l'enfance, ils acquièrent la résistance et la vigueur qui font d'eux les «vieillards ermites» du zodiaque.

Ce signe régit les os, les articulations (en particulier les genoux), la peau, les sels minéraux et les vitamines.

Enfant, le Capricorne souffrira de troubles de croissance, ce qui lui vaudra un squelette longiligne et fragilisé, avec possibilité, dans certains cas, de malformation de la colonne vertébrale. Les articulations seront fines et relâchées, la musculature peu volumineuse. Les genoux resteront le point le plus faible pour ce qui est des articulations (risques de blessures ou épanchements de synovie, arthrose...).Très vite pourront apparaître des troubles du métabolisme et de l'assimilation, ce qui le conduira à produire de l'acide urique, à stocker des toxines et, en conséquence, à souffrir de rhumatismes aussi bien que de néphrites. Le Capricorne est avant tout un arthritique, ce qui peut être un facteur de longévité.

Signe de Terre et grand émotif contrôlé, voire refoulé (capable des plus grandes violences contenues), il risque particulièrement d'être victime de troubles nerveux qui prendront la forme d'insomnies ou de psychasthénie[1]. Son courage moral sera lié à son raisonnement et à sa résistance profonde qui lui permettront de garder la maîtrise de ces dépressions psychiques.

---

1- *Psychasthénie* : Epuisement psychique qui se manifeste sous forme de syndrome névrotique caractérisé par le doute, le scrupule, l'absence de volonté...

Ses émotions et colères refoulées trouveront leur exutoire au niveau de la peau, une peau sèche et sensible, avec ce que Conrad Moriquand appelle «les humeurs crasses du Capricorne», à savoir : l'urticaire, l'eczéma, le psoriasis, l'herpès, les démangeaisons (surtout au contact du froid dont le Capricorne a horreur) et un terrain allergique. Cet exutoire, même s'il n'est guère agréable, le préserve de maladies plus graves qui pourraient s'installer à sa place.

Le natif du Capricorne, trop sédentaire et mal équilibré dans son alimentation, est menacé par un processus d'auto-intoxication qui engendrera la sclérose, mais aussi des troubles sanguins (hémorroïdes, troubles variqueux, jambes lourdes, phlébites...) et des désordres métaboliques (uricémie, cholestérol, diabète, obésité...). Les fonctions hépato-intestino-rénales seront toujours à surveiller. Son équilibre réside dans l'absorption de vitamines A B C D E et de minéraux (calcium, silice, phosphore, fluor) pour éviter l'apparition de ces différents troubles, en particulier les troubles osseux et métaboliques.

Trop souvent le Capricorne dépasse ses limites et va au-delà de ses forces sans jamais les régénérer. Il doit apprendre à se détendre, à se «récupérer», d'autant plus que son sommeil n'est guère réparateur parce que toujours agité, souvent irrégulier, conséquence de sa trop grande «responsabilisation» par rapport aux autres. Son appétit s'avère aussi plutôt capricieux, ni volumineux, ni recherché. Il mange mal et pas assez, mais peut, en pleine nuit (les femmes surtout), se trouver pris de fringales terribles pour compenser inconsciemment telle ou telle frustration ! De toute façon, il sera sage pour lui d'éliminer l'alcool, les graisses et charcuteries, les viandes en sauce et tout ce qui est indigeste. Il modèrera son absorption de crudités (à cause de ses intestins), mais privilégiera les aliments naturellement diurétiques, riches en oligo-éléments et en vitamines, le fromage (riche en calcium) et tout ce qui est pauvre en déchets toxiques. Il s'obligera aussi à boire beaucoup d'eau.

Un peu d'exercice quotidien lui sera bénéfique, même s'il ne s'y sent guère porté. La marche à pied, plutôt en forêt à la campagne ou en montagne (le symbole du Capricorne n'est-il pas la «la chèvre» sur les hauteurs?) est tout à fait indiquée. En bon terrien, le Capricorne sera très réceptif au contact avec la nature et il s'y ressourcera dans le silence.

Mais quoi qu'il en soit, son allié le plus précieux reste le temps. S'il sait respecter une bonne hygiène de vie, le Capricorne sera comme le bon vin :

il se bonifiera avec l'âge, et ce, d'autant plus, qu'il apprendra, au fil des ans, à mieux gérer son énergie et à ne pas la gaspiller. Plus il avancera dans l'âge,plus il «se trouvera», et atteindra son plein épanouissement au bout d'un long travail intérieur, parfois douloureux, surtout dans la jeunesse.

CONCLUSION

Pour réussir sa trajectoire d'évolution, le natif de ce signe se devra d'inscrire tous ses actes dans une visée rédemptrice conforme à la volonté divine. Son pari, et il est de taille, sera de réaliser pleinement le passage du profane au sacré.

Le conseil essentiel qu'on peut lui donner est donc de «laisser faire le temps», et il constatera par lui-même combien il est capable d'exploiter ses ressources de mieux en mieux.

CHAPITRE XX

# Le Verseau

Onzième signe du zodiaque, c'est un signe d'AIR, fixe, de polarité positive à dominante masculine.

Gouverné par SATURNE en individuel et par URANUS en collectif, selon le type de polarité, il est symbolisé par un jeune homme laissant couler l'eau de la cruche qu'il porte.

Il génère un tempérament sanguin et une constitution «sulfur».

La plante qui lui correspond le mieux est le lis martagon qui incarne le processus de transmutation de l'énergie masculine (guerrière issue de Mars, planète avec laquelle il est en rapport étroit) en énergie féminine. Il favorise les échanges dans la douceur ainsi que l'altruisme.

Le mot-clé de ce signe apparaît triple : ASSIMILATION, INTELLIGENCE, ORIGINALITE.

SYMBOLIQUEMENT

Ce «porteur d'eau» («aquarius», nom latin du Verseau) porte l'énergie divine qui se déverse sur les hommes pour leur permettre de se sauver et de se réaliser. Il donne l'eau salvatrice à la terre desséchée, la vivifie et la transfigure. Il est bien le «Verse-eau[1]», celui qui verse cette eau purifiée et purificatrice qui tombe du ciel généreusement et ne se refuse à personne. C'est déjà le signe de la fraternité universelle.

Au plan individuel, c'est Saturne qui lui donne la profondeur et la sagesse, tandis qu'au plan collectif, c'est Uranus qui met en lui le goût de l'indépen-

---

1- *Verse-eau* : Expression tirée des «12 maisons astrologiques» de Ferdinand David. Edition Rocher.

dance, la volonté, l'abnégation, les idées anticonformistes, voire révolutionnaires, et un attrait certain pour les sciences, la philosophie, l'ésotérisme.

Comme la terre est assoiffée d'eau, le natif du Verseau sera, toute sa vie, assoiffé de connaissance. Et la polarité masculine lui donnera un pouvoir inventif et créatif très marqué, si bien que si son génie créateur se met en route, rien ne pourra l'arrêter !

En aspectation négative, au contraire, ce même «VERSE-EAU» risque d'être trop centré sur lui-même et de ne pas laisser l'eau s'écouler de manière féconde. Ce sera alors une eau stérile, polluée par un égoïsme latent empêchant celui qui en est habité de vivre en lui-même l'amour (l'eau) qu'il prétend porter aux autres. Et n'est-ce-pas ce danger qui est évoqué à travers la maxime célèbre : «Il est plus facile d'aimer l'humanité toute entière que d'aimer quelqu'un»??...

PSYCHOLOGIQUEMENT

Le natif du Verseau se révélera aussi original qu'indépendant, doté d'une intuition particulièrement pointue et d'un sens évident de l'innovation.

Essentiellement intellectuel, d'intelligence vive, il fera merveille par sa créativité et l'efficacité de son esprit ingénieux. Il ne supportera pas de se fondre à la masse; d'une façon ou d'une autre, il parviendra à se démarquer, voire à se marginaliser, c'est vital pour lui. En fait, ce sédentaire assoiffé de connaissance, dont l'esprit inventif a besoin d'une si grande et si totale originalité, sera toujours tracassé par le doute, et sa recherche constante dans les études est le reflet de ce doute, souvent métaphysique. Lui si indépendant sera pourtant le premier à coopérer avec qui entrera dans son projet et se révélera à même de suivre...car il faut avoir une certaine dimension intérieure et une bonne dose d'endurance modulable pour suivre un Verseau, à moins qu'il suffise simplement de l'aimer et, par là, d'entrer en harmonie avec lui...

A ses yeux, chacun peut être membre d'une même commuauté d'action et de réalisation, tant concrète que spirituelle, et, ainsi, avoir le droit et la possibilité d'apporter sa pierre à l'édifice.

Le Verseau saura pratiquer la fraternité et la solidarité, il ne perdra jamais de vue la dynamique de groupe dans laquelle il inscrira toutes ses actions avec un grand respect de la loi et de la parole donnée, faisant preuve d'un sens du devoir irréprochable.

Paradoxe vivant s'il en est, il mettra son individualisme au service de la collectivité avec souvent un arrière-fond spirituel. Sa volonté,si forte soit-elle, n'ira jamais à l'encontre de la Volonté supérieure qui ordonne et régit l'Univers. Cette intuition essentielle d'une déontologie sacrée indispensable à toute évolution et à la bonne marche du monde, l'empêchera de transgresser quelque loi que ce soit, sachant trop quelles pourraient en être les conséquences.

Cette appréhension très particulière de l'ordre universel dans lequel nous devons graviter sur la bonne orbite qui nous a été dévolue, lui fera concilier en lui-même les inconciliables, mélange de conservatisme et de progressisme, de tolérance et de rigueur, respect de la liberté et de la particularité de chacun et en même temps adhésion totale à des lois générales etc.... Tout cela en fera un être déroutant, certes, mais porteur de multiples richesses qu'il déversera abondamment (l'eau de la cruche !) s'il se sent libre du choix de le faire.

On ne s'étonnera pas,dès lors, de découvrir que le Verseau mental est préoccupé par les phénomènes d'avant-garde. Il est bien le précurseur de cette «Ere du Verseau», ère nouvelle s'il en est, qui marquera l'humanité pour les deux prochains millénaires. Il se sent branché mentalement sur une relation nerveuse de prise de conscience bien supérieure à la réalité, dirigée vers l'infini en vue de l'analyser et de le comprendre. Il veut à tout prix découvrir et exploiter ce qui apportera la véritable libération à l'homme. En cela, il est fort en avance sur son temps, il fait figure d'excentrique si ce n'est de révolutionnaire et, dans ses idées nouvelles, il se trouve souvent incompris, seul avec son amour de «l'extra-ordinaire».

Mais lui, Verseau, «sait» bien que l'homme n'est qu'un esclave et que sa seule volonté ne suffit pas à assurer son indépendance.

C'est la transformation effective du Scorpion, qui évolue en Sagittaire, se condense en Capricorne et explose enfin en Verseau pour libérer toute l'humanité !

Son intuition, au-delà de toute convention, lui donne le droit de penser que l'avenir de l'homme passe par un union fraternelle indestructible qui sera la base d'une nouvelle société. Il peut aller jusqu'à avoir de véritables visions et vivre des expériences supra-normales. Ce qui explique peut-être sa tendance à vivre de façon «aérienne» (signe d'air !), en planant au-dessus de la banale réalité de la vie quotidienne.

Il n'en reste pas moins vrai que le natif de ce signe de l'amitié et de l'altruisme, sera toujours extrêmement sensible à la condition mentale de son entourage et se trouvera affecté dans son être physique si les personnes qu'il aime ne sont pas en bonne santé. Il peut aller très loin dans l'exercice de sa bonté, sans doute parce qu'il pense comme Marivaux (Verseau lui aussi) que : «dans le monde, il faut être un peu trop bon pour l'être assez» !

Et en même temps, il peut parfois se révéler absent et indifférent, pour ne pas dire...insensible ! C'est là encore une de ses multiples contradictions. Il ne supporte pas la souffrance des autres, mais peut se trouver lui-même le générateur inconscient et involontaire de certaines souffrances, simplement par une attitude, des agissements ou des non-agissements qui ne viseront qu'à assurer son propre équilibre, indépendamment de l'impact sur autrui, qu'il ne mesure pas.

Tout cérébral qu'il est (et parfois même on pourrait ne le croire que cérébral), le Verseau réagit pourtant presque exclusivement à l'affectivité. Il ne le sait que trop, et c'est bien là une des faiblesses contre lesquelles il tente souvent de se protéger par une indifférence ou un détachement apparents. Il y parvient fort bien grâce à sa grande maîtrise de lui-même.

C'est l'un des signes les plus émotifs du zodiaque. Il est fier et avide de l'estime des autres et, comme le natif du LION (son signe antagoniste), il est extrême dans ses amitiés autant que dans ses antipathies.

Pour venir en aide à ceux qui ont gagné son affection, il fera toujours le maximun, jusqu'aux limites de lui-même s'il le sent nécessaire. Il donne et il se donne...Il pense qu'on ne vit vraiment et qu'on ne se trouve dans son être véritable qu'en faisant du bien à autrui, en consentant à s'oublier et parfois même à «se perdre» pour mieux se trouver. C'est dans la plénitude du don spontané qu'il trouvera sa propre plénitude. Il a, au plus profond de lui-même, le sens inné de «l'Amour Universel»... Et cette générosité authentique répond en même temps à un autre besoin : se délivrer de lui-même et parvenir à une auto-régulation de sa nature contradictoire.

En effet, il prendra mal toute tentative de dirigisme ou d'envahissement à son égard. Il défend jalousement et viscéralement son espace de liberté, liberté d'être et d'agir...et poussé à l'extrême, il pourrait sur ce plan-là jouer les Don Quichotte !!

Une fois son opinion faite, il changera difficilement d'avis. Il est, en effet, très opiniâtre et son attitude mentale peut être des plus fermes.

Pourtant, il ne fait pas toujours ce qu'il voudrait faire pour être à la hauteur de l'idéal qu'il s'est fixé, car le Verseau est aussi un grand idéaliste. Et cette défaillance de la volonté vient de ce qu'il cède parfois trop facilement devant les sollicitations des autres. Tout cela, parce qu'il est trop bon, trop confiant, dépourvu de la moindre malice, et soucieux de ne pas décevoir ceux qui attendent quelque chose de lui. Il les voit mieux qu'ils ne sont et parfois, il «tombe de haut» !

Lorsque Saturne gouvernera en majorité son comportement, il sera timide, anxieux et hyperémotif.

Mais lorsque l'influence d'Uranus sera prédominante, il se trouvera guetté par l'instabilité mentale au point que, dans les cas extrêmes, il pourra devenir dangereux pour lui et pour les autres.

En effet, si le Verseau s'inscrit dans une trajectoire négative, il se révélera intolérant, dirigiste, despotique même, voulant plier les autres à ses convictions qu'il reconnaîtra comme seules valables. Sa complexité de pensée l'amènera à un refus des vrais problèmes et il se désadaptera jusqu'à être paranoïaque !

Il se complaira dans l'anarchisme et la provocation en tous genres, y compris réactionnaire. Il ne parviendra pas à accepter que la vérité puisse être une et multiple à la fois, une dans son essence, et multiple dans les aspects sous lesquels elle peut être traduite selon les personnes et les principes.

Ne parvenant pas à vivre pour lui-même ce qu'il aspire à transmettre, il deviendra utopiste et, perdant tout esprit pratique, se complaira dans l'abstraction totale.

Par là, il se déconnectera du réel et des contingences matérielles pourtant incontournables. C'est la porte ouverte aux déceptions les plus amères qui le conduiront à se considérer comme un incompris ou alors induiront la réaction encore plus inattendue d'un retournement radical qui lui fera brûler demain ce qu'il défendait hier !

Quelle que soit la trajectoire, n'oublions pas qu'Uranus est générateur de la force qui éveille et qui libère. Ce qui explique que le Verseau vivra souvent dans une ambiance électrisante (que ce soit pour le meilleur ou pour le pire) en abusant de sa force nerveuse, au demeurant très grande. N'ayant pas la notion du temps, il aura du mal à s'imposer des freins. Il sera toujours habité par un puissant désir de réalisation, avec la volonté de façonner autrui à ses propres vues, sans pour autant user de la contrainte, son charme y suffira ...Qui résisterait à son oeil naïf et enfantin ?

C'est un surémotif-actif-secondaire. Sa vie pourra être en profondeur une «quête de la sérénité», avec le sentiment de plus en plus fort au fil des années que le terrestre n'est que vanité («vanitas, vanitatum et omnia vanitas»), mais il gardera toujours au plus secret de lui-même le goût du record en soi. Son idéal serait de repousser à l'infini les limites de l'impossible. Il puise beaucoup dans la réflexion silencieuse, et le jeu de l'esprit (le sien est particulièrement vif, brillant et intelligent) fait partie de sa manière spontanée de vivre.

Il ne reculera devant rien pour atteindre la vérité et, tout comme il sera prompt à faire son autocritique, de même il aura à coeur d'éclairer les autres sur leurs propres erreurs.

PHYSIOLOGIQUEMENT

Le signe du Verseau régit la circulation sanguine, surtout au niveau des jambes (mollets), ce qui pourra provoquer des varices ou même des phlébites. Riche et bien oxygéné, le sang du Verseau aura une circulation rapide, ce qui le rendra sujet à l'hypertension et aux céphalées. Mais aussi il pourra s'apauvrir par manque de fer et ce, jusqu'à l'anémie. Alors, une oxygénation insuffisante entraînera une surcharge de déchets tout à fait néfaste.

S'il s'y ajoute une alimentation trop riche (sucres, graisses..) qui vient souvent combler les hypoglycémies provoquées par une combustion trop rapide de ses réserves énergétiques (généralement dans le feu de son hyperactivité), alors c'est la menace d'artériosclérose, de troubles digestifs, de rhumatismes (surtout dans les chevilles) et autres maladies métaboliques et nutritionnelles.

Mollets et chevilles seront toujours une région particulièrement sensible aux chocs de toutes sortes, aux entorses, aux fractures.

L'asthme va être l'ennemi redoutable du Verseau. Le mouvement, l'exercice physique lui seront des plus bénéfiques. Il lui faut avant tout fuir la vie sédentaire, d 'autant plus que les contrecoups qu'elle comporte et l'usure nerveuse qu'elle engendre sont des plus négatifs.

En effet, le système nerveux du Verseau sera toujours à surveiller car il faut avant tout préserver le point d'équilibre que mettent en péril l'irritation, les colères, la fatigue. Alors sont à craindre spasmophilie et dépression. Un Verseau aura besoin de calme, de sérénité ambiante et devra fuir les émotions violentes autant que tout ce qui peut augmenter son excitation, y compris le café ou le tabac qui, par ailleurs, risquent d'entretenir des insomnies auxquelles il est déjà naturellement sujet.

Attention aussi à une certaine tendance à la distraction qui peut provoquer des accidents de toutes sortes, même des accidents de voiture ! A trop jouer le professeur Tournesol, il en oublierait le monde qui l'entoure.

Pour bien se porter, un natif du Verseau aura tout intérêt à faire siens les quelques conseils suivants :

- Opter pour une bonne hygiène de vie, avec pour base une alimentation saine dépourvue de tout excès de nourriture trop riche ou trop sucrée, sinon hypertension et cholestérol seront au rendez-vous !

- Favoriser le mouvement, l'exercice physique (musculaire et respiratoire), la sédentarité étant l'ennemi de ses articulations et de son système circulatoire.

- Combattre l'ennui par le divertissement, la détente, la rupture des habitudes. Le psychisme sera comblé.

- Pratiquer, aussi souvent que possible, la relaxation, le yoga, afin de bien équilibrer le système nerveux.

- Préserver le sommeil en qualité et en quantité, par des moyens naturels et en évitant les somnifères. C'est par le sommeil que se fera la meilleure récupération.

- Juguler, par une observation de tous les instants, la distraction qui reste un des défauts majeurs de ce signe.

Et surtout se laisser aller à être heureux, car la santé d'un Verseau dépend finalement et essentiellement de son équilibre affectif et psychique. Le bonheur le dotera d'une résistance à toute épreuve véritablement étonnante !

CONCLUSION

Pour conclure, on se doit de rappeler qu'avec le Verseau se développe une vision holistique du monde. Il se sent étroitement uni à toute l'humanité, agrandi lui-même à la dimension de l'amour universel.

Il ne se libèrera et ne se sauvera qu'en étant ouvrier de la libération et du salut de l'Univers. Si chacun est l'artisan de sa propre progression vers la lumière et l'absolu, il ne doit pas oublier qu'il ne peut la réaliser en dehors du tout dont il est partie intégrante, donc en parfaite solidarité avec ses semblables.

Le natif de ce signe se verra investi de la mission de transmission de la connaissance reçue. Pleinement conscient de ce rôle de «canal», il saura être juste dans ses dires et dans ses actes qu'il emplira sincèrement d'émotion et d'énergie pour les rendre porteurs de vérité.

CHAPITRE XX1

# Les Poissons

Douzième signe du zodiaque, c'est un signe d'EAU, mutable, de polarité négative à dominante féminine.

Gouverné par JUPITER sur le plan individuel et par NEPTUNE, sur le plan collectif, il est symbolisé par deux poissons.

Il génère un tempérament lymphatique et une constitution carbonique.

La plante qui lui correspond le mieux est le lotus qui élève la conscience aux plans supérieurs et permet d'atteindre l'épanouissement spirituel.

Le mot-clé de ce signe pourrait être ELEVATION, avec la plasticité psychique et toute la dimension mystique.

SYMBOLIQUEMENT

Le Poisson évoluant dans l'eau, son élément naturel, rappelle que l'homme évolue dans l'amour divin, sans lequel il ne pourrait avoir accès à la vie. L'homme ne devient-il pas «Poisson» dans l'eau du baptême, uni à Dieu comme l'animal l'est à son élément naturel ?

Avec ce signe, on entre dans le monde des sensations et des sentiments. Il semble tissé d'intuitions, d'inspirations, d'impressions en tous genres qu'il pioche dans l'irrationnel grâce à son mental particulier qui appartient à l'élément eau.

Au plan négatif, la communion avec le divin n'est plus qu'apparente et masque un vide incommensurable. Ici, l'homme n'est plus régénéré, mais perdu dans la confusion la plus totale. Il flotte comme une bouteille à la mer,incapable de savoir où il en est, où il va et ce qu'il cherche. Il devient la proie facile et idéale de tous les mirages. N'est-ce-pas ce qui est repris dans la tradition populaire du «poisson d'avril»?

PSYCHOLOGIQUEMENT

Le natif des Poissons se trouvera en mutation permanente vers un devenir qu'il ne perçoit pas très bien, mais vers lequel il se sent guidé. Il suffit de croiser le regard d'un Poisson pour le sentir perdu dans un univers intérieur, là où l'imagination est reine et le délivre de l'indicible ennui qu'il peut ressentir «ici et maintenant».

Il se complait dans ce domaine de l'irrationnel pour lequel il éprouve une grande facilité de compréhension. Il peut aller jusqu'au mysticisme en passant par les rêves les plus fous et les utopies les plus insoupçonnables, emporté par un enthousiasme optimiste et singulier.

Il est en cela fortement aidé par sa sensibilité et sa réceptivité qui lui font ressentir les moindres fluctuations de ses énergies profondes et le mettent en résonnance directe avec les énergies environnantes.

C'est dans son milieu aquatique qu'il va développer tout particulièrement sa sensibilité à la fois visuelle, tactile et olfactive. Tout en lui fera écho à la plus subtile perception, à la plus imperceptible sensation, à la plus impalpable émotion ...et ce, en dépit de l'indéfinissable froideur qui peut sembler se dégager de son regard rêveur, voire «absent», mais toujours étrange et pour certains même, fascinant (le regard des femmes Poissons en particulier).

Les poissons sont donc un signe de grande perméabilité. Le natif sera influençable, marqué par les idées des autres, mais aussi doté d'une grande imagination. Il peut être la proie de fortes émotions et se sentira facilement pris de compassion pour autrui. Il pourra s'attendrir en effet jusqu'à la sensiblerie ou à la réelle compassion tant pour les hommes que pour les animaux.

Ne dit-on pas, en effet, qu'il représente une véritable Providence pour les chats perdus ou abandonnés !...

Sa sensibilité, souvent à fleur «d'écailles», supporte mal la vision de la souffrance quelle qu'elle soit, et l'envoie d'emblée en première ligne pour la soulager. Il est vrai que la gent féline aura toujours dans son coeur et dans ses attentions une place privilégiée.

Sa bienveillance, sa tolérance, son indulgence, le feront aimer de son entourage. On le trouvera apaisant et souvent bon conseiller. Il le sera d'autant plus qu'il fera moins appel à son raisonnement que confiance à son ressenti profond, aux prémonitions qui le traversent.

Chez lui tout se fera d'abord au plan de l'intuition, et il se révélera très ondoyant, très malléable. Attention à ne pas se laisser tromper par sa passivité apparente qui n'est, en fait, qu'une disponibilité permanente à recevoir pour mieux avancer !

Possédant, en outre, de remarquables facultés médiumniques, il se sentira attiré par le mystère des expériences occultes, mais il devra être très prudent dans ce domaine-là, toujours à cause de son absence de délimitations naturelles qui pourra le conduire à commettre des imprudences et à se laisser piéger.

Ce signe bien symbolisé par les deux poissons nageant l'un avec le courant, l'autre dans le sens contraire, va doter ses natifs de deux êtres : l'un rêveur, dolent, influençable et sans grande résistance face aux tentations; l'autre, remontant le courant, résistant aux tentations, prêt à s'élever, ordonné, mystique. Les natifs plus marqués par une tonalité jupitérienne seront plus structurés, plus cadrés, plus hiérarchisés. Mais, toujours affrontés à des objectfs contradictoires, ils auront beaucoup de mal à faire des choix, à prendre des décisions nettes. L'indécision restera leur grande faiblesse. Souvent ils chercheront conseil de tous côtés et deviendront une proie facile pour les imposteurs ou les profiteurs, alors qu'ils portent en eux la solution à tout problème de par leur sensibilité, leur réceptivité et leur intuition quasi médiumnique. Il leur faudra éviter cependant un excès de confiance et de crédulité qui génèrerait des idées erronées et des ennuis purement imaginaires.

Partagé sans cesse entre hier et demain, le Poisson doit apprendre à nager entre ces deux tendances : regret du passé et peur du futur. Son adaptabilité,liée au monde du «senti», le rend humain, généreux, magnétique. Il libère sa propre angoisse en s'occupant des autres. Sa générosité, son hospitalité, sa capacité de pardon sont certaines, ainsi que sa loyauté foncière, même si son manque de volonté peut l'entraîner parfois à nager en «eaux troubles». Mais tout aussi bien, dans certains cas, en fonction de circonstances que lui seul pourrait définir (et le peut-il vraiment eu égard à sa double nature?), ce même Poisson, généreux et hospitalier, pourra de façon aussi surprenante qu'imprévisible, se montrer indifférent à l'extrême, même si la misère qu'il rencontre est immense.

S'il reste à un plan négatif, le natif de ce signe se révélera dépressif et instable, voire inconsistant. Il passera de l'exaltation la plus brutale et la plus injustifiée à l'apathie la plus incompréhensible. Il en arrivera à ne plus savoir ce qu'il veut et se laissera totalement influencer par ce qui saura l'impressionner.

Il sera alors la proie facile qu'on pourra manipuler d'autant plus aisément et librement qu'il se laissera aller à un fatalisme quasi-pathologique. Refusant de continuer à affronter les rudesses du monde, il se réfugiera dans l'illusion de son imaginaire et cherchera, s'il le faut, l'aide nécessaire pour cette «évasion» dans l'alcool, le tabac ou la drogue.

On le verra angoissé à l'extrême, morbide même et, dans les cas limites, totalement, incapable de s'assumer. Il y aura risque sérieux de perte de contact avec le réel, ce qui, à la limite, donnera la schizophrénie, ou, au contraire, le repli sur soi (mais c'est aussi, d'une autre façon, une perte de contact avec le réel) qui, en finalité pourra entraîner l'autisme[1].

Peu à peu des angoisses risqueront de s'installer sournoisement et de dénaturer les impressions perçues, jusqu'à engendrer progressivement et sans bruit une gêne pathologique qui s'insèrera dans le psychisme.

Avec le temps, cette gêne produira de profondes dépressions qui, si elles sont négligées ou mal soignées, deviendront de véritables névroses. Les multiples prémonitions de ce Poisson soulevé par les insondables lames de fond de son inconscient, ne feront qu'accroître ses inquiétudes naturelles. Et, de fait, son équilibre, toujours fragile, se trouvera facilement perturbé.

A l'inverse de l'analytique Vierge (son signe antagoniste), le synthétique Poisson, en l'absence de frontières, de délimitations naturelles, se laissera aller à naviguer dans les eaux troubles de son imaginaire, comme cela a été mentionné plus haut, et il n'y rencontrera que peurs, hantises et inquiétudes. C'est là sa faille et il devra faire preuve d'une vigilance de tous les instants pour se protéger de lui-même.

Un Poisson n'aura en fait qu'une seule aspiration : se dissoudre dans un univers qui nous dépasse, se fondre dans l'inconnu. C'est quand il a l'air de ne rien faire qu'il peut avoir les visions les plus géniales et partir très loin sur les ailes de l'imagination. Ce qu'il «sentira» alors aura, répétons-le, toutes les chances d' être juste. Car, alors que la Vierge «pense», le Poisson «sent».

PHYSIOLOGIQUEMENT

Ce signe régit le système lymphatique, le psychisme, les pieds.
L'instinct de nutrition et de réserve est l'épicentre de la vitalité poisson-

1- *Autisme* : Repli sur soi pathologique qui coupe l'individu de tout contact avec les autres et avec la réalité extérieure.

nienne et favorise souvent un risque d'embonpoint, voire d'obésité (n'oublions pas la prédisposition naturelle des signes d'eau en général, à l'obésité). La robustesse n'est pas ici à toute épreuve, le système hormonal et endocrinien peut se trouver perturbé, mais c'est surtout le système lymphatique qui demande à être surveillé.

Il participe à la défense de l'organisme contre toutes les agressions et atteintes extérieures (virus, microbes, chocs divers...). C'est la base du système immunitaire et il est essentiel de la garder saine et solide. Aussi faudra-t-il que le Poisson ait toujours présent à l'esprit que les produits toxiques tels que l'alcool, la drogue sous toutes ses formes, le café, les stimulants en tous genres sont des agents aussi dangereux pour son organisme que les virus...Attention aussi à l'abus de médicaments, tant euphorisants que tranquillisants, qui lui feront en finalité plus de mal que de bien !

On a souvent dit que les Poissons étaient de véritables «aspirateurs à microbes» ou encore des «éponges à virus». Aussi devront-ils se protéger de tout contact avec des contagieux et prendre doubles précautions en période d'épidémies !

Le psychisme se révélera «fluctuant», avec beaucoup d'inquiétude (souvent masquée par une apparente indolence) et d'indécision, ce qui rendra le sujet «patraque», toujours en proie à des maux mal définis qui dérouteront les médecins, mais se révèleront peu graves. Il pourra y avoir fréquemment apathie, mélancolie et à la limite, dépression avec larmes silencieuses.

Les pieds des Poissons sont particulièrement sensibles. On a trop tendance à oublier cette petite partie du corps située à son extrémité inférieure, dont on parle peu et dont on ne mesure pas l'importance. Ce sont les pieds qui supportent tout le corps, ce sont les pieds qui nous permettent d'avancer, qui assurent le parfait équilibre du corps et surtout qui nous relient à la terre... : on ne pense à eux que lorsqu'ils font souffrir. Un Poisson risque d'y penser souvent... Ses pieds, en effet, craignent toutes les formes d'humidité, sont souvent grands par rapport au reste du corps et risquent d'être mal formés. Dans les cas de douleurs vertébrales, c'est vers les pieds qu'il faudra peut-être en chercher la cause avant d'agir directement sur les vertèbres. Il sera important de faire le point sur la stature et la statique, car souvent un déséquilibre, un affaissement de la voûte plantaire seront en cause.

Attention à tous les risques d'entorses ou de luxation !

Le système respiratoire sera aussi à surveiller. En effet, les «branchies» sont vitales pour les Poissons et un certain état de frilosité avec brusques transpirations puis passage brutal au froid, les prédispose à toutes les formes de rhumes et bronchites. Le manque d'immunité en fait des proies faciles à de fréquents refroidissements. Il faudra donc rester toujours très vigilant.

Leur fragilité apparente, leur indolence et leur manque de tonus leur impose une hygiène de vie qu'ils doivent baser avant tout sur un sommeil profond et réparateur. Il leur permettra d'éviter les grandes tensions et fatigues émotionnelles qui sont le fruit de leur émotivité. Il faudra à tout prix éviter les rythmes de sommeil fantaisistes tout autant que l'hygiène alimentaire aussi fantaisiste. Des boissons légères (eaux minérales, jus de fruits, bouillons de légumes) leur seront bénéfiques, ainsi que du poisson maigre, des viandes rouges, des céréales et des légumes verts. Il sera bon de manger calmement à des heures régulières.

La pratique de la marche, ainsi que tous les sports nautiques permettront de tonifier l'organisme et de stimuler les muscles.

CONCLUSION

Rappelons encore, en terminant, combien il sera vital pour un Poisson d'éliminer systématiquement tout ce qui risque de provoquer une rupture avec la réalité (stimulants,euphorisants, expériences occultes dangereuses...). Il est fait pour incarner la communion avec le divin, dans laquelle l'homme est élevé au rang de partenaire de cette puissance supérieure qui imprègne l'être tout entier de son énergie et de sa transcendance. S'il parvient à cette plénitude, alors avec lui pourra s'ouvrir la porte de l'Impossible et de l'Inexpliqué !

CHAPITRE XXII

# Les Constitutions

*La constitution est «ce qui est»*
(Léon Vannier)

La constitution, c'est le «bâti» suivant lequel l'individu se développe, c'est la charpente sur laquelle va s'élaborer peu à peu son être global. C'est elle qui va «signer» sa personnalité tant physique que psychique. Et c'est dans cet «état statique» de la personne que pourrait s'inscrire l'empreinte génétique.

On recense quatre grands types de constitutions possibles :

1 CONSTITUTION CARBONIQUE
Donne des êtres brévilignes, plutôt ronds et trapus, dégageant une impression de masse. La statique est rigide et droite, avec des articulations fortes.

On perçoit de la résistance et de l'opiniâtreté. La persévérance peut aller jusqu'à l'entêtement et le bon sens ne fait jamais défaut, même si parfois l'anxiété ou une forme de dépression silencieuse et larvée vient apporter un certain trouble.

Dans l'ensemble, l'équilibre tant physique que moral sera toujours préservé et les carboniques, régis par la notion d'ordre, garderont, quoi qu'il arrive, un sens très poussé de la responsabilité. Ils savent organiser et construire, comme ils savent apprécier la vie dans ce qu'elle peut apporter de meilleur.

2 CONSTITUTION PHOSPHORIQUE

Donne des êtres longilignes, avec des membres tout en finesse dégageant une impression de fragilité osseuse.

La statique est expressive et variable, la finesse et la souplesse des articulations accentuent l'impression d'élégance et de distinction naturelle.

Les phosphoriques sont très attachés au concept du «beau» qu'ils expriment bien et ils sont préoccupés par un souci constant de la perfection, ce qui entraîne souvent une activité intellectuelle trop poussée à laquelle ils ne peuvent longtemps faire face. Car ils sont peu résistants et auront très vite du mal à penser. Cela se doublera d'une forte émotivité et d'une sensibilité souvent à vif.

3 CONSTITUTION FLUORIQUE

Donne des êtres aussi bien longilignes que bréviligncs, au squelette plutôt irrégulier avec une hyperlaxité ligamentaire. La statique est instable et flexible.

Cette instabilité se retrouve au plan mental avec souvent de l'indécision et une grande promptitude aux coups de tête.

Bien que capables de méthode, de ténacité et de sens pratique, les fluoriques seront enclins aux déterminations irréfléchies, souvent contradictoires. Et ils pourront être on ne peut plus pessimistes autant que se montrer on ne peut plus brillants.

4 CONSTITUTION SULFUR

Donne des êtres très charpentés, à la fois «costauds» et harmonieux. La statique parvient à être expressive dans sa rigidité.

Les «sulfurs» sont en général bien campés et bien équilibrés, tant au physique qu'au moral.

Ils vont de l'avant et n'hésitent pas à entreprendre, bien aidés par un caractère optimiste et positif, ainsi que par un grand sens pratique.

Leur nature vive et nerveuse les rend facilement «soupe au lait», et s'ils sont très attirés par la philosophie et le spirituel, ils se laissent souvent aller à une certaine négligence tant au plan intellectuel que dans leur apparence.

Attention parfois à un certain orgueil !

CHAPITRE XXIII

# Les Tempéraments

*«Le tempérament est ce qui devient»*
(Léon Vannier)

Le tempérament est «l'état dynamique» de l'individu. Il évolue au fil des années. Il représente «l'ensemble des possibilités physiques,psychologiques, biologiques, psychiques et dynamiques d'une personne, qui existent en elle dès la naissance et sont, en partie, conditionnées par la configuration astrale qui y préside.

Le tempérament est donc ce qui «caractérise l'individu» au sens premier du terme , ce qui constitue son caractère.

Il peut être modifié par la volonté tout au long de la vie.

Les astres ont une action profonde sur les individus. Chacun de nous se trouve sous la dominante d'une ou plusieurs planètes qui déterminent ce qu'il est et ce qu'il fait.

Ces planètes déterminantes sont : Saturne, Mars, Soleil, Vénus, Jupiter, Mercure, Lune.

Quatre grands types de tempéraments sont répertoriés en fonction de cette interaction des planètes.

C'est Hippocrate[1] qui, le premier, a établi ces classements, et a fondé, par là-même, la typologie sur le quaternaire avec ces quatre tempéraments de

---

1- *HIPPOCRATE* : Médecin grec de l'Antiquité. A centré son travail sur l'altération des humeurs et a développé une éthique médicale qui a donné le «serment d'Hippocrate» prêté par tous les médecins.

base en rapport avec les quatre éléments qui eux-mêmes répertorient les quatre grandes familles de signes.

1 TEMPERAMENT BILIEUX

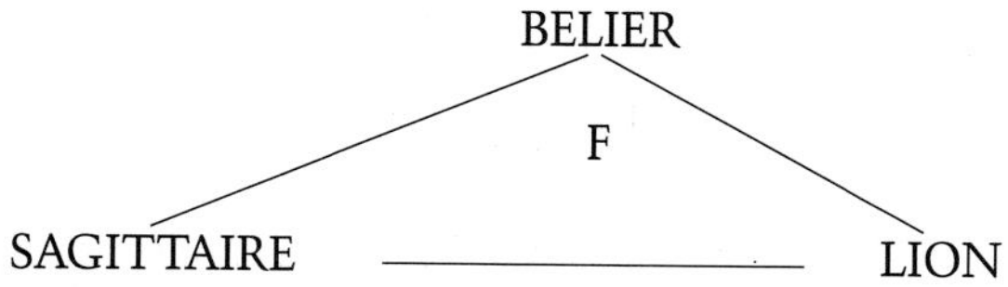


Déterminé par l'influence du SOLEIL, de JUPITER et de PLUTON. Concerne les signes de FEU : BELIER - LION - SAGITTAIRE.

Le foie est l'organe sensible.
L'individu de tempérament bilieux est un «suractif», toujours en mouvement (cf Jacques Bertrand qui évoque «la Sagitation du Sagittaire» dans son ouvrage «Tristesse de la Balance»).

Il fait preuve d'une grande vivacité dans ses réactions et ses échanges, et parfois même, il se trouve à la limite de l'agressivité.

Sa résistance remarquable à la fatigue et son besoin d'aller toujours plus loin en font un conquérant à toute épreuve, un bon organisateur, un chef reconnu et suivi. Il s'exprime avec aisance et rapidité et son activité tant physique qu'intellectuelle étonne toujours ceux qui sont en face de lui. Il alliera vivacité d'intelligence à richesse d'imagination.

Il a besoin de peu de sommeil, mais compense par un appétit souvent excessif.

Un bilieux, comme le terme peut le laisser supposer, aura une certaine propension à la neurasthénie, mais bien vite son ambition reprendra le dessus et il pourra se montrer coléreux et violent, allant jusqu'à faire preuve d'une intransigeance très dure qui sera une façon d'exorciser son anxiété.

Aussi devra-t-il tendre ses efforts vers la patience, la modération et l'indulgence, et accepter d'être contrecarré dans certains de ses projets trop ambitieux, voire déraisonnables.

C'est à ce prix qu'il évitera l'écueil majeur qui consisterait pour lui à devenir tyrannique et à se cabrer à la moindre contrariété, à la moindre désapprobation.

## 2 TEMPERAMENT NERVEUX

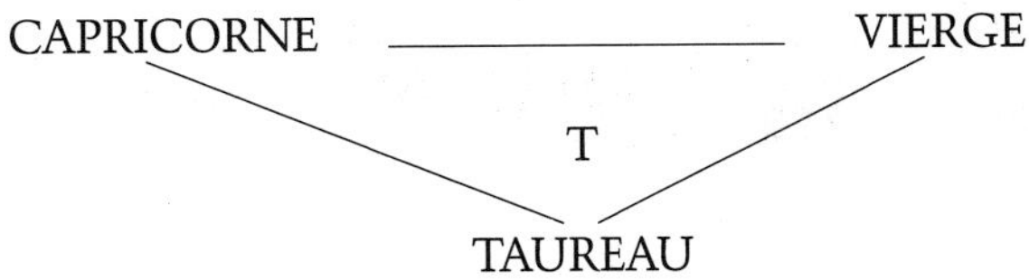


Déterminé par l'influence de MERCURE, SATURNE et VENUS. Concerne les signes de TERRE : TAUREAU - VIERGE - et CAPRICORNE.

Ici les fonctions sensibles sont les fonctions de la sécrétion, souvent ralenties.

Ce qui frappe avant tout chez un «nerveux», c'est sa grande capacité de résistance. Il sait où il va, il ne va que là où il veut et parviendra à ses fins quel que soit le temps qu'il devra y mettre. Sa ténacité et sa patience auront raison de bien des résistances. C'est à l'usure souvent qu'il obtiendra ce qu'il veut. D'un caractère plutôt renfermé, il aura des comportements étranges, déroutants parfois pour l'entourage, et dérangeants parce que trop analytiques.

En effet, le nerveux, de par son système nerveux constamment perturbé, aura tendance à passer au crible les faiblesses et les défauts des autres, pour lesquels il sera sans complaisance. Et il aura du mal à se remettre lui-même en question.

Sa sensibilité intellectuelle sera souvent exagérée et frôlera parfois la démesure. Il supportera mal un échec, une vexation, un revers de fortune, une mauvaise nouvelle. Très vite, il aura tendance à déprimer ou à s'installer dans une humeur maussade si ce n'est massacrante.

Il se cristallise sur ses problèmes affectifs, sa sexualité peut être extrême avec des phases de nymphomanie, ou se révéler au contraire très cérébralisée, voire bloquée.

Doté d'un caractère plutôt intuitif, le nerveux peut faire preuve d'une certaine subtilité d'esprit, tout en étant par ailleurs capable du plus total entêtement dans la défense d'une idée qu'il considère comme valable.

Quand il s'agira d'entreprendre, certains se révéleront déterminés, à toute épreuve, tandis que d'autres seront totalement velléitaires, remuant beaucoup d'air sans véritable efficacité.

3 LE TEMPERAMENT SANGUIN

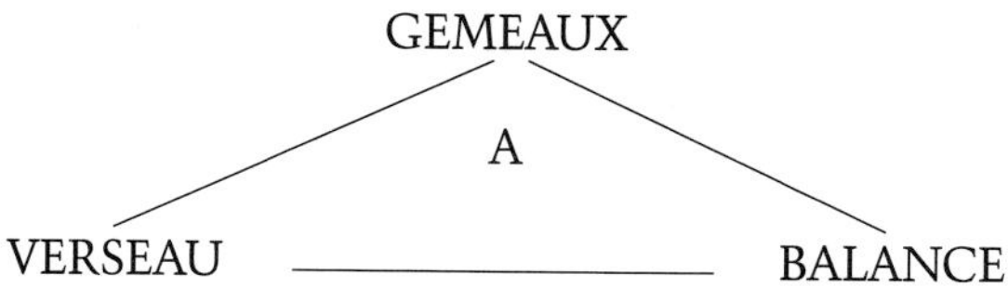


Déterminé par VENUS et MERCURE, il concerne les signes d'AIR : GEMEAUX - BALANCE - VERSEAU.

Les organes sensibles seront ceux de la respiration et de la digestion.

Un «sanguin» est en principe un optimiste, un être enjoué et heureux de vivre. Il est fait pour s'épanouir dans son espace vital, se laisser aller à son développement maximum sans y mettre d'effort autant que possible. Car il n'aime guère tout ce qui coûte, tout ce qui fatigue, bien qu'il jouisse d'une grande vitalité. Cette vitalité, il la mettra plutôt au service de son plaisir, car c'est avant tout un «bon vivant» et son appétit de vie se traduit dans son expansivité, sa bienveillance, son adaptabilité, sa tolérance, sa largeur de vues dans tous les domaines.

Avec lui, on aura toujours un agréable compagnon de loisir, un ami indulgent et disponible, capable de beaucoup de concessions pour installer de l'harmonie et du bien-être. Sa bonne humeur est contagieuse et il n'en est pas avare.

Il fait preuve d'une sensibilité épidermique très aiguisée qui peut le porter à des emballements trop rapides suivis de désenchantements générateurs de déprime.

Son intelligence peut paraître sélective, parfois trop en surface, mais son imagination est colorée et inépuisable.

Le «sanguin» est un impatient qui a du mal à se couler dans le rythme du temps, surtout si celui-ci tarde à lui apporter ce qu'il attend. Il a un besoin viscéral de bouger et de se sentir libre de ses mouvements comme de ses décisions.

C'est l'amoureux des grands espaces et des vastes horizons dont le grand air le régénère et le révèle à lui-même.

4 TEMPERAMENT LYMPHATIQUE

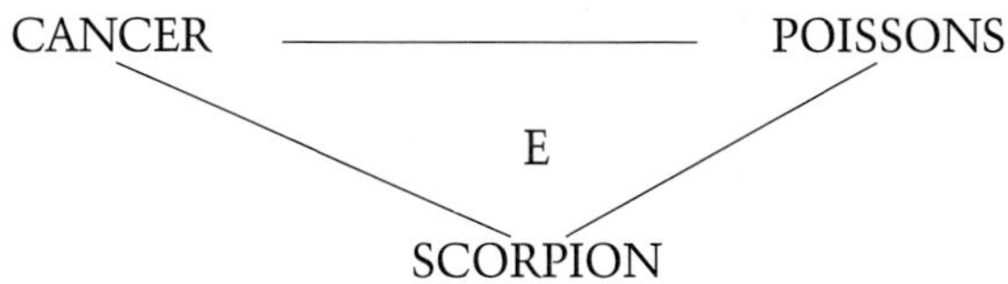


Déterminé par la LUNE et NEPTUNE, il concerne les signes d'eau : CANCER - SCORPION - POISSONS.

Le point sensible est le métabolisme hydrique souvent faible et paresseux dans un organisme attardé au stade végétatif.

Le «lymphatique» se caractérise avant tout par sa lenteur, tant de gestes que de parole ou d'esprit. Il apparaît comme un grand calme qui prend son temps et fait ce qui lui incombe sans se laisser perturber par les mouvances environnantes.

Très adaptable, il se fera à toutes les situations, mais recherchera avant tout une vie paisible, ordonnée, sans histoires, à l'abri de toute improvisation et de tout délire passionnel.

Chez le «lymphatique», tout semble mesuré, inscrit dans un équilibre qu'il recherche certainement, mais qu'il est souvent loin d'avoir atteint parce qu'il est toujours en quête de la sécurité qui manque tant à sa nature profonde.

Sa sensibilité, d'apparence paisible elle aussi, est en réalité intense et le sujet se révèle très impressionnable, vulnérable même face aux agressions extérieures. Il a une imagination plutôt réaliste qui sait se montrer utilitaire et lui permettre de réussir dans le domaine pratique, d'autant plus qu'il fera preuve quand il le faudra, et de la façon la plus inattendue, d'un sang-froid et d'une patience remarquables.

L'écueil chez lui restera toujours un fond d'anxiété et de peur du lendemain qui n'est finalement qu'une peur de l'inconnu, peur de ce qu'il ne maîtrise pas.

A lui de savoir en triompher grâce aux atouts certains qui sont les siens : la maîtrise de soi, la prévoyance, le sens de l'organisation, la fidélité et le respect de l'engagement pris, la patience et la tranquillité.

S'il s'autorise à prendre des initiatives, il y a de fortes chances pour qu'elles soient bonnes et constructives.

CHAPITRE XXIV

# Les éléments

*«Qui ne connaîtrait pas les éléments, leur force et leurs propriétés, ne se rendrait jamais maître des Esprits».*
«Faust» de Goethe.

Au nombre de quatre : le FEU, l'AIR, la TERRE, et l'EAU, les éléments représentent le langage symbolique des principes selon lesquels sont structurées les théories traditionnelles du monde. Et ce, non pas sur le plan physique et chimique, mais dans le concept de correspondance sensorielle que l'on retrouve dans des traditions différentes.

Pour définir les éléments et les traduire dans leur tout, il faut remonter chronologiquement à la nuit des temps et à l'essence même des forces de la nature, à l'origine des origines...Rappelons l'émergence, dans l'Antiquité, des notions de passif et d'actif...et en Extrême-Orient, le yin et le yang ; le sec et l'humide correspondant à l'actif, le froid et le chaud correspondant au passif.

C'est de la combinaison secrète de ces qualités que sont nés les éléments :
- Sec et froid ---> TERRE
- Sec et chaud ---> FEU
- Humide et froid ---> EAU
- Humide et chaud ---> AIR

Et de cette formulation ont été tirées associations et correspondances entre éléments, saisons, couleurs, organes et fonctions humaines, tempéraments :

- A la TERRE sont associés l'automne, la couleur grise, la rate, le tempérament mélancolique.

- A l'AIR sont associés le printemps, les couleurs lumineuses, le sang, le coeur, le tempérament sanguin.

- A l'EAU sont associés l'hiver, la couleur blanche, le cerveau, les humeurs, le tempérament lymphatique.

- Au FEU sont associés l'été, les couleurs flamboyantes, la bile, le foie, le tempérament colérique.

Les éléments s'engendrent et se détruisent perpétuellement selon la loi du changement et de la métamorphose universelle.

C'est ainsi que le FEU en se consumant va engendrer des cendres qui en finalité sont TERRE, et des vapeurs qui, elles, en finalité sont EAU. Cette EAU va éteindre le FEU et fertiliser la TERRE tandis que l'AIR, sous forme de vent, va attiser le FEU.

Et on en vient à la loi naturelle de la quaternité selon laquelle le FEU brûlera, l'EAU coulera, le VENT (AIR) soufflera et la TERRE paisible permettra à l'homme de trouver sa dimension.

Avant de considérer chaque élément en particulier et d'en dégager les caractéristiques essentielles, il peut être intéressant et utile de s'arrêter un instant sur la symbolique du chiffre 4.

Pourquoi 4 éléments ? Parce que le chiffre 4 porte en lui l'équilibre du monde.

Et cette signification symbolique se retrouve à tous les niveaux de la Création.

Le quatre est figuré par la croix, symbole d'équilibre et de stabilité, et le quaternaire se rencontre partout pour définir l'ordre terrestre :

- L'année compte 4 saisons (Printemps, Eté, Automne, Hiver).

- Il existe 4 points cardinaux (Nord, Sud, Est, Ouest).

- Depuis sa création, le monde a connu 4 âges auxquels les géographes font référence sous le nom d'ères (ère primaire, ère secondaire, ère tertiaire, ère quaternaire), tandis que les historiens recensent 4 grandes périodes: La Préhistoire, l'Antiquité, le Moyen-Age, les Temps modernes.

- On ne saurait passer sous silence non plus les 4 âges mythologiques : l'âge d'or, l'âge d'argent, l'âge de bronze et l'âge de fer.

- Les façades et les tympans de nos cathédrales sont ornés par les représentations, très symboliques elles aussi, des 4 évangélistes : Matthieu, l'homme ; Marc, le lion ; Luc, le taureau et Jean, l'aigle.

- De son côté, l'homme traverse en principe 4 âges dans le déroulement de sa vie : l'enfance, l'adolescence, l'âge adulte (ou âge mûr) et la vieillesse.

- Et ne nous est-il pas recommandé de cultiver et de pratiquer tout au long de notre vie terrestre les 4 vertus cardinales que sont le courage, la justice, la prudence et la tempérance ?

C'est bien sur la base du carré (encore 4 !), qui parfois risque d'être restrictif pour l'homme, que la Sagesse et la Quintessence prendront leur véritable dimension qui s'épanouira dans le chiffre 5.

Caractéristiques des éléments :

Fruit de combinaisons subtiles, (comme cela a été vu plus haut), les éléments en héritent leur essence et leurs attributs.

Ils vont connaître des variations et des mouvements orchestrés par les rythmes du Soleil aux équinoxes et aux solstices, ainsi que par les différentes phases de la Lune.

Le zodiaque qui, quant à lui, comprend 12 signes (3x4) va se trouver compartimenté par ces 4 éléments dont chacun sera «maître» des 3 signes lui correspondant.

Ce qui donne la répartition que tout le monde connaît :
- Signes de FEU : BELIER - LION - SAGITTAIRE.
- Signes de TERRE : TAUREAU - VIERGE - CAPRICORNE.
- Signes d' AIR : GEMEAUX - BALANCE - VERSEAU.
- Signes d'EAU : CANCER - SCORPION - POISSONS.

LE FEU
Elément sec et chaud

Des quatre éléments, c'est indubitablement le FEU qui est le plus fascinant et qui, depuis la nuit des temps, a toujours exercé une sorte de pouvoir magique sur les hommes et les animaux (pensons à «La Guerre du Feu» et à «l'arme» incomparable que cette découverte a donnée à l'homme). C'est sans doute parce qu'il est difficilement contrôlable et qu'il porte en lui la lumière et la chaleur de la vie, en même temps qu'une menace. Chaud et sec, le feu peut tour à tour réchauffer ou brûler, éclairer ou aveugler, purifier ou consumer, exalter ou détruire ; mais toujours il reste «insaisissable» et garde son mystère. Et, depuis toujours, il est cette énergie irradiante qui fait office d'intermédiaire entre la matière et l'esprit. Il colore le monde de sa lumière. Il génère et symbolise la Purification par la destruction, comme l'évoque l'expression «renaître de ses cendres».

Toutes les religions ont, de tout temps, vénéré le feu et on le retrouve comme un symbole omniprésent à toutes les époques, depuis «La Guerre du Feu» de l'homme préhistorique jusqu'à la flamme de notre soldat inconnu, en passant par la Salamandre du Moyen-Age ou encore la flamme olympique des temps modernes. Quelle que soit la forme du symbole, c'est toujours la représentation de la même force qu'il incarne et qui lui est propre.

Le feu porte en lui un dynamisme puissant, il est empreint d'une activité intense qui le fait toujours progresser, gagner du terrain...Et si on l'empêche de s'étendre, il se consume lui-même, «de l'intérieur», jusqu'à se reduire en cendres. La force du feu réside dans son ardeur même, dans sa démesure, et dans sa puissance de durée. Ne parle-t-on pas du «feu qui couve sous la cendre»?

Par-delà une certaine destruction purificatrice, souvent nécessaire, c'est bien la force de la vie qu'il fait resplendir, et c'est en cela qu'il est fascinant. Le feu est mouvement et chaleur à la fois, et, par là, il est, par-dessus tout, vivant.

L'expression populaire en est bien révélatrice, qui parle du «feu de la colère» ou du «feu de l'amour» qui est toujours un «feu dévorant» et met souvent «le feu aux joues», surtout si on a «un tempérament de feu» et si ce n'est pas «un feu de paille»! Il est vrai que «quand on aime, on passe au travers du feu» et il est bien tentant de «jouer avec le feu». On n'en mesure pas toujours bien les conséquences quand on est «dans le feu de l'action», surtout si on ne songe qu'à «briller de tous ses feux» ou si on se sent «tout feu, tout flamme». Rien alors n'empêcherait de passer victorieusement «l'épreuve du feu», même si c'est «un feu d'enfer»!

Et quand Feydeau évoque avec la fantaisie qui le caractérise «Feu, la mère de Madame», c'est d'une personne défunte qu'il s'agit, c'est-à-dire, de quelqu'un qui a vécu ou encore «brûlé», «consumé» sa vie... et là encore le symbole, quoiqu'indirectement, nous ramène au feu. Et la liste de ces exemples est loin d'être exhaustive.

L'élément feu gouverne le BELIER - le LION et le SAGITTAIRE auxquels il apporte la puissance, l'esprit de lutte devant l'adversité, l'affirmation de Soi.

Au BELIER il confère plus particulièrement la flamme de la vie.
Au LION, il ajoute la force de la vie.
Au SAGITTAIRE, il permet la compréhension du sens de la vie.

Physiologiquement, il correspond au tempérament Bilieux, avec une nette prédominance de l'appareil musculaire et une morphologie rétractée mais tonique.

Psychologiquement, c'est la réalisation de la volonté disciplinée à la conquête du monde et de soi. Tout cela avec une nature colérique toujours prompte à s'enflammer et à garantir une activité intense qui pousse toujours de l'avant.

Toutefois, si le natif d'un signe de FEU vit mal son évolution, alors toutes ces valeurs seront inversées et deviendront destructrices.

LA TERRE
Elément sec et froid

Symboliquement, c'est la mère et plus exactement la mère nourricière. Toutes les traditions font référence à ce symbolisme de la «Terre-mère», porteuse de vie et de fertilité, principe même de la fécondité. C'est là où s'enracinent les racines , c'est, selon le mot de Mario Mercier : «la cellule de vie dans l'infini du corps divin».

La terre représente l'état solide, la matérialisation après la combustion du Feu.

Nombreuses sont les représentations anciennes qui la font apparaître sous les traits de la «Déesse-Mère» que l'on vénère pour lutter contre la stérilité et obtenir, avec la fécondité désirée , toute la richesse qui en découle.

Cette richesse se retrouve dans le blé, symbole de la terre, et dans les moissons qu'elle enfante.

Tout part de la terre et tout y retourne, elle est à la fois l'alpha et l'omega de tout ce qui vit et il semble que depuis toujours s'est établie une sorte de connivence et d'alchimie entre la terre et le temps qui induit la notion du durée, de permanence, d'éternité dans l'être, même s'il se modifie.

A l'origine des origines, l'homme fut fait de «glaise» comme le rapporte le livre de la Genèse (chapitre 2, 7) : «Alors Dieu modela l'homme avec la glaise du sol...», et au dernier jour de sa vie ici-bas il retourne à la terre, il est, selon l'expression populaire, «porté en terre» ou encore «mis en terre» ... et comme la végétation le fait annuellement, c'est de la terre que les hommes renaîtront.

A cet égard, il faut noter combien il est significatif que le mot français «cimetière» vienne directement du grec «koimeterion» qui signifie la chambre nuptiale !

Notre «cimetière» ne doit-il donc pas être vu comme le lieu de la consommation des «noces éternelles» avec le divin, ou encore le lieu de la naissance véritable à la vraie vie ? Retour à la terre, la mort n'est en réalité que le retour à la Vie, celle qui n'a rien à voir avec notre vie terrestre ici-bas. Par là s'ouvre pour tout individu la porte qui lui donne accès au plan supérieur. C'est cette re-naissance qui est le contraire même de la mort et qui porte en elle la victoire de la Vie. On retrouve ici le sens profond du «cimetière» en tant que «chambre nuptiale». Nous quittons la mère de chair pour naître de l'intelligible et mystique mère divine. Dans cet enfantement, la réalité exotérique terrestre a été comprise et dépassée pour atteindre la réalité ésotérique.

Et c'est bien là le but ultime de la quête de l'homme qui, depuis toujours, cherche la «Terre promise», cette terre d'immortalité qui n'est autre que la vraie vie, celle que nous ne connaîtrons que de «l'autre côté» de l'écran terrestre et qui n'a rien à voir avec celle que nous vivons ici-bas.

Cette quête s'explique par notre essence même. Nous sommes, certes, le fruit né du ventre de notre mère de chair et c'est notre condition existentielle, mais n'oublions pas que nous sommes aussi le fruit de notre mère spirituelle qui devra se réveiller par notre évolution dans notre individualisation.

L'alchimie n'est-elle pas la preuve de cette évolution de transformation?

Le contact avec la terre nous est essentiel parce qu'il nous donne l'équilibre. C'est par lui que nous pouvons nous ressourcer, nous regénérer et que la circulation des énergies se trouve stimulée. Chacun sait qu'il est fortement déconseillé de porter en permanence des chaussures à semelles très épaisses qui «coupent» le contact avec la terre, et que, par ailleurs, il est tout aussi fortement conseillé de marcher pieds nus au contact de la terre le plus souvent possible. La terre recharge et stabilise. C'est cette stabilité que l'on évoque en disant qu'il faut «avoir (ou garder) les pieds sur terre». Par là, elle permet d'entreprendre des constructions et en assure la solidité autant qu'elle peut en promettre la durée. C'est bien l'élément des réalisations concrètes pour lesquelles nous aident de façon invisible les Gnomes qui sont les gardiens de la terre, les répartisseurs des forces éthériques et qui vivent au coeur même de la terre. Les chamans connaissent bien ce petit peuple «ouvrier» des montagnes et des forêts.

Si nous considérons les aspects de la surface terrestre, ces successions ou alternances de vallées, de montagnes, de goufres, de plaines, de déserts, de volcans etc....nous ne pouvons qu'y voir autant de signes témoignant de l'alchimie qui s'opère en elle et des transformations successives par lesquelles elle est passée et passe encore. Bien des puissances oubliées dorment dans ses profondeurs.

La terre est bien à l'origine de la vie, mais elle n'en est pas la source. Elle donne la patience; en elle l'évolution se fait sûrement, mais avec lenteur. Pour le comprendre, il suffit de considérer la maturation de la graine, des semailles à la moisson.

Porteuse de richesse et de réalité palpable, durable, la terre est rassurante. Avec elle, ce qui est existe et demeure....Elle porte aussi en elle l'attente et donne au temps sa mesure d'éternité. La Terre produit des métaux et dans son processus de croissance, elle transforme le cristal en diamant !

La terre est bien l'élément le plus «réel» et le plus concret. Elle ne se dérobe jamais et porte en elle une sorte de fatalité qu'elle transmet à ceux qui lui sont rattachés.

La sagesse populaire lui fait une large place dans ses expressions, et nous savons bien que s'il faut éviter d'être trop «terre à terre», il n'est jamais élégant ni charitable de «mettre quelqu'un plus bas que terre». Il vaut mieux «remuer ciel et terre» pour venir en aide à son prochain. «Tant vaut l'homme, tant vaut la terre» et on peut très bien vivre sans «être connu de la terre entière», mais sans non plus «rentrer sous terre» ni «raser la terre». Il est préférable de «ne pas toucher terre» tant on est en harmonie avec soi-même et avec ce que l'on vit, plutôt que de «porter son âme en terre». De temps à autre, il faut savoir «mettre pied à terre» et, s'il le faut, «mettre un genou en terre» sans toutefois «tomber face contre terre» à force de «courir ventre à terre» après moultes chimères. Chacun aspire à sa «terre d'asile» et se laisse aller parfois à «vivre entre ciel et terre», mais les évènements ont tôt fait de nous faire «revenir sur terre», sans pour cela «mettre par terre» les espoirs que nous caressons en attendant de «quitter la terre».

Nos sommes bien les enfants de la terre qui nous porte en elle et nous nourrit. De cela nous lui sommes redevables et nous devons l'aimer autant que la respecter.

Les signes gouvernés par cet élément :
TAUREAU - VIERGE - CAPRICORNE.
représentent d'une part la matérialisation de la matière (Taureau), d'autre part son organisation (Vierge) et le dépouillement du superflu pour ne garder que l'essentiel (Capricorne).

Tous trois seront réalistes et sédentaires, empreints de patience et de rigueur, comme si la fatalité incluse dans la terre faisait partie de leur être. Avec eux, rien ne sera laissé au «hasard» ni à «l'à peu près».

Toutefois, il faut noter encore que dans le cas d'un mauvais aspect, tout se cristallisera et se sclérosera, tant au niveau physique que mental et spirituel.

L'AIR
Elément humide et chaud

Symboliquement, l'Air représente le Souffle, l'Esprit. Le Souffle, c'est l'essence même du mouvement et de la vie, le «prana» des yogis, le principe premier, l'esprit insufflé dans la matière.

L'homme ne peut pas vivre sans air. Cet élément fait partie intégrante de son être au même titre que la terre. Ecoutons encore la Genèse (chapitre 2,7) : «Alors Dieu modela l'homme avec la glaise du sol. Il insuffla dans ses narines une haleine de vie et l'homme devint un être vivant». C'est bien ce «souffle de vie», cette «haleine» que nous faisons circuler à l'intérieur de notre corps par le jeu de la respiration qui nous met en contact permanent avec l'air.

L'air est en tout et partout, il ne peut être limité ni contenu. C'est l'impalpable par excellence. Il représente l'état gazeux, léger, masculin, qui se diffuse sans limite en toute liberté. Il est régénérateur. Sans lui, aucune vie n'est possible, c'est l'asphyxie. Sa légèreté et son aspect impalpable se retrouvent dans les Sylphes, ces divinités de l'air qui ont inspiré tant de poètes.

Dans l'Antiquité, les Vents étaient considérés comme des Dieux et ils régnaient en maîtres sur la destinée des hommes. Personne n'a oublié les tribulations d'Ulysse qui mit dix ans à regagner son île d'Ithaque parce que des vents contraires le faisaient constamment dériver de sa route, à son retour de la guerre de Troie.

L'air peut être un élément dévastateur quand il prend la «consistance» d'un cyclone, toujours redouté dans certaines parties de notre planète, mais il peut tout aussi bien se révéler garant de vie puisque le vent du printemps permet la pollinisation.

Il attise le feu autant qu'il rafraîchit une atmosphère surchauffée.

Il est le conducteur des sons et des odeurs. Sans pouvoir toujours bien expliquer pourquoi, on sait confusément qu'il fait du bien, c'est la raison pour laquelle on conseille aux personnes fatiguées ou convalescentes d'aller «prendre l'air» et, encore mieux, «un bol d'air pur».

A la seconde même où l'enfant naît, il pousse un cri : c'est le moment précis où il passe de l'élément eau dans lequel il a été en gestation pendant neuf mois, à l'élément air dans lequel il va évoluer pendant toute sa vie...Et il respire... En lui se met alors en place et en activité un des rythmes fondamentaux qui gouverne le corps humain et sans lequel aucune vie n'est possible : la respiration, ce mouvement «automatique» et naturel qui fait se dilater et se contracter, en alternance et sans arrêt, bronches et poumons afin de permettre à l'air de circuler en nous comme nous en avons besoin. Lors de l'inspiration, nous absorbons de l'oxygène et lors de l'expiration, nous rejetons l'air utilisé et en quelque sorte «pollué». Cet acte essentiel et inné ne cesse jamais, même pas pendant le sommeil ou une anesthésie.

A l'heure de la mort, on dira de quelqu'un qu'il a «rendu le dernier soupir». C'est une façon de désigner ce dernier expir qui s'échappe de l'être.

Outre la respiration que nous avons dite essentielle à la vie, une autre fonction est assurée par le souffle et la circulation de l'air en nous : c'est la parole, l'expression par la voix (le chant aussi). Cette communication par le Verbe n'est possible que grâce à l'action de l'air sur les cordes vocales qu'il fait vibrer.

L'air, c'est ce qui flotte, ce qui plane, ce qui échappe à la matière et la transcende. Par là, Il va permettre la manifestation du mental, de l'intellect. A l'air sera rattaché le monde des idées, de la pensée qui va au-delà du vécu, au-delà de l'apparence, au-delà de l'immédiat pour déjà préparer l'avenir.

Avec l'air, nous sommes dans le monde à la fois subjectif et objectif. Il va au-delà des limites de la terre et de toute limite. Les pesanteurs de la matière sont vaincues, l'esprit s'envole, libre de toute cette matérialité de la terre à laquelle il a échappé.

C'est le début de l'ascension par la connaissance. Le vent physique devient vent de l'esprit, marque d'un psychisme ascensionnel pour lequel tout est mouvement. S'il est mal domestiqué, il sera symbole d'agitation du psychisme, alors que, s'il est bien adapté, il sera principe de Renouveau.

L'air a sa réalité dans une permanence d'être, souvent imperceptible qui réagit à la moindre modification ambiante et peut devenir alors plus tangible (c'est le cas du vent).

Il remplit l'espace entre la terre et les cieux, il est en quelque sorte l'agent de liaison qui anime l'univers, le réceptacle de l'âme du monde, dont chaque âme humaine particulière en est le reflet comme l'affirmait Platon. C'est grâce à cette âme du monde que la vie se répandrait sur la terre.

Il faut donc respecter l'air qui nous environne, il est bien notre souffle de vie tant sur le plan physique, qu'émotionnel et spirituel.

Ici encore, la sagesse populaire fait de multiples références à cet élément : qui de nous n'a jamais été traité de «tête en l'air» ou n'a eu un jour l'impression d'«agir ou de parler en l'air»? Certains, c'est vérifiable, «remuent beaucoup d'air», mais ce qu'ils font n'est souvent que «du vent et du courant d'air». Pas la peine pour cela de «mettre tout en l'air» et surtout pas de «faire des promesses en l'air», même si on «a besoin d'air» parce qu'on ne sait pas «vivre de l'air du temps». D'autres ne «manquent pas d'air» et se révèlent «rapides comme un courant d'air» quand il s'agit de «jouer la fille de l'air», surtout si les individus en question sont des «monte-en-l'air »!

Et si on avait tout simplement envie de «changer d'air», peut-être à la faveur d'un «baptême de l'air», sans toutefois «avoir le ventre à l'air» ni attraper «le mal de l'air», pour enfin se sentir «libre comme l'air» ?

Les signes gouvernés par l'élément air : GEMEAUX - BALANCE - VERSEAU seront avant tout des signes d'intellect et de communication.

Avec le GEMEAUX, la communication sera intellectuelle.
Avec la BALANCE, elle sera esthétique.
Avec le VERSEAU, elle deviendra spirituelle et fraternelle.
A tous, il imprime son caractère de légèreté et donne une intelligence active.

L'EAU
Element humide et froid

Symboliquement, c'est le Principe même de tous les êtres, l'élément de base, le milieu vital dans lequel se façonne la vie.

Comme l'air, elle n'a pas de forme propre, mais à la différence de celui-ci, elle est palpable et peut être contenue dans des «limites».

Qui dit eau dit fluidité, subtilité, sensibilité, émotion, perception de l'unicité de la création, réceptivité, mais aussi absence de forme et de solidité - d'où la nécessité de la canaliser pour éviter tout débordement souvent dangereux. Qui dit eau dit aussi pouvoir de pénétration. L'eau s'infiltre partout et oeuvre dans la durée. Sa puissance est souvent sous-estimée. Réfléchissons à ce propos sur ce que John Blofeld rapporte quant aux affirmations d'un savant chinois du XI siècle :

«L'eau est complaisante, mais conquiert tout. L'eau éteint le Feu ou s'échappe en vapeur et se reforme. L'eau lave la Terre. Elle sature l'atmosphère de sorte que le vent meurt. L'eau s'abandonne aux obstacles avec une humilité trompeuse car aucun pouvoir ne peut l'empêcher de poursuivre son parcours vers la mer. L'eau conquiert en douceur; elle n'attaque jamais, mais elle remporte toujours la dernière bataille.»

Quoiqu'opposée à lui dans sa nature même, l'eau présente le même symbolisme que le feu : Création, Châtiment et Purification.

En ce qui concerne la CREATION, Le récit de la Genèse (Chapitre I) nous rapporte que lors de la Création du monde, «Dieu fit le firmanent qui sépara les eaux d'avec les eaux...» et qu'il appela «mers» la masse des eaux «qui sont sous le Ciel». Puis Dieu se manifesta dans «l'Océan Universel».

Pour les scientifiques, c'est bien dans l'océan que la vie a pris naissance. Et d'ailleurs, la gestation de foetus ne se fait-elle pas dans le liquide amniotique?

Sur ce point, la Tradition et la Science sont bien d'accord.
Dans la Grèce antique, on vénérait les sources aux eaux porteuses des plus intenses bienfaits et les nymphes et naïades qui s'y trouvaient attachées étaient, autant que les sirènes, représentées sous l'aspect de belles jeunes femmes aussi troublantes que mystérieuses.

Plus près de nous, les successeurs directs de ces naïades ne sont-ils pas les ondins et les ondines que toute une littérature poétique et théâtrale a su exalter? Y a-t-il vraiment une différence entre les sirènes d'Ulysse, la Lorelei de Goethe et du romantisme allemand, et les Morganes des Celtes (Mélusine, Vouivre...) ? Et ne portent-elles pas en elles le châtiment, dans la mesure même où elles séduisaient les hommes par leur beauté irrésistible autant que par leur voix enchanteresse pour mieux les entraîner au fond des eaux où ils se noyaient ?

Par ailleurs, l'eau, de par sa pureté originelle même, a toujours été liée aussi à la transparence, donc à la vérité. Au Moyen-Age on pratiquait l'épreuve de l'eau pour décider de la culpabilité des Sorcières (ou des femmes prétendues telles) : si l'accusée coulait à pic, elle était innocente; si elle surnageait, elle était diabolique et devait subir la dernière épreuve, celle du feu : le bûcher, dont elle ne risquait guère de réchapper ! De toutes les façons le résultat pour elle était le même : la mort !

Toutes les civilisations d'Orient et d'Occident ont lié le Sauveur au cataclysme par l'eau du Déluge qu'ils ont attribué à la colère divine. Le divin se manifeste par le feu ou par l'eau, mais le plus souvent par l'eau car elle est régénératrice de vie.

L'eau porte en elle aussi le symbole de la Purification : de la simple toilette quotidienne du corps aux ablutions rituelles et sacrées, c'est elle qui «nettoie», qui lave, qui efface toute souillure pour redonner la pureté originelle.

Dans l'Antiquité, on plaçait à l'entrée des temples des vases d'eau lustrale dans laquelle était plongé un tison ardent.

Plus tard, en Gaule, c'est par les aspersions que les druides combattaient les maléfices.

En Inde et au Tibet se pratiquent couramment les aspersions pour les fidèles et en Inde l'immersion dans le Gange est incontournable.

L'Ancien Testament fait mention des purifications par l'eau pour le passage de l'impureté païenne à la sainteté du peuple de l'Alliance.

Le Baptême de Jésus par Jean symbolise bien la purification nécessaire à l'entrée dans le Royaume de Dieu. Le Messie lui-même s'est soumis au Baptême qui représente cette Purification extrême....

Et ce n'est pas par hasard que la chrétienté a fait du poisson son symbole !

Si on se place au plan psychanalytique du rêve, on découvre que l'eau joue un rôle important et constitue un excellent présage : l'eau claire et pure annonce la protection et le bonheur, tandis que l'eau boueuse annonce les difficultés et le malheur. Une eau glacée peut laisser prévoir un gain d'argent tandis qu'une chute dans l'eau laisse présager mensonge ou accident, crainte pour la vie....

On retrouve l'eau comme élément de fertilité pour les cultures ou encore comme l'élément maternel. On attribue aussi à l'eau une signification collective : les foules, les nations, les civilisations.

N'oublions pas enfin que l'eau nourrit le corps et l'esprit. Sans eau,il n'y a pas de vie possible...

Le corps humain est constitué d'eau à 80% de sa masse et c'est l'eau, élément hygiénique, qui va le laver extérieurement pour le maintenir en bon état. C'est encore l'eau qui, absorbée en quantité suffisante, le nettoiera en drainant les toxines pour qu'elles soient mieux éliminées.

Par son apparence, l'eau est insignifiante, elle n'a ni couleur ni odeur, ni goût accentué, pourtant c'est elle qui, par ses océans, ses fleuves, ses rivières, ses ruisseaux, ses torrents, ses lacs, ses étangs...donne toute sa physionomie au globe terrestre. Elle s'infiltre par la moindre faille et devient alors une force redoutable.

Les occidentaux que nous sommes ont oublié la valeur de l'eau, si bien que nous en disposons à notre aise, sans aucun égard et sans aucune reconnaissance.

Et pourtant, il suffirait de prendre en compte le langage pour constater combien la sagesse populaire y fait référence : sans être «né de la dernière pluie», on aura toujours de mal à «remplir un panier d'eau», même si on parvient à «mettre de l'eau dans son vin» et si on n'hésite pas à «se jeter à l'eau». Tout cela est «clair comme de l'eau de roche», et il est clair que «ça coule de source». Par ailleurs, pour qu'un projet ne «tombe à l'eau», il vaut mieux éviter de «nager entre deux eaux» ou encore de «mettre de l'eau dans le gaz»; bien entendu, si on laisse trop longtemps son vis à vis «le bec dans l'eau», ce sera vraiment «la goutte d'eau qui fait déborder le vase». Sachant en outre que «les petits ruisseaux font les grandes rivières», que «l'eau va toujours à la rivière» et qu'«on ne se baigne jamais dans la même eau», il est très possible de se sentir «heureux comme un poisson dans l'eau» si on sait, au jour le jour, «vivre d'amour et d'eau fraîche». Alors la vie ne risquera pas d'«aller à vau-l'eau», surtout si de temps à autre, on renforce ses énergies avec un peu d'«eau de vie»!

L'élément eau correspond au tempérament dans lequel va prédominer le système digestif et nutritif. L'état végétatif est ici dominant : la vie inconsciente, l'imagination, le rêve, la mémoire, les souvenirs, les impressions reçues sont l'apanage de cet élément. Une grande sensibilité psychique peut l'empêcher d'être actif, ce qui explique sa morphologie souvent atone ou dilatée.

Les signe astrologiques gouvernés par l'élément eau sont : Le CANCER - Le SCORPION - Les POISSONS.

Il induit la gestation de la matière chez le CANCER, la transformation de la matière chez le SCORPION et la transmutation de la matière chez les POISSONS.

CHAPITRE XXV

# A propos de l'interprétation

Pour clore cet ouvrage, il importe encore d'attirer l'attention du lecteur sur le rôle essentiel de l'interprétation d'un thème astral. C'est d'elle que tout dépend, elle est la clé qui ouvrira ou non la porte de la connaissance de soi. De sa justesse découlera la coïncidence entre les potentialités dévoilées et leur réalisation effective. Aussi devra-t-elle être aussi «honnête» et objective que précise et complète. Sinon, ce sera l'occasion de toutes les dérives et le pas sera vite franchi que les détracteurs de l'astrologie connaissent bien en disant que cette «prétendue science» n'a aucune consistance... L'enjeu est capital, d'autant plus qu'on a ici rendez-vous avec la vérité de soi-même dans un face à face unique.

L'interprétation du thème astral de naissance de chaque individu va dépendre tout d'abord de l'orienttion de la recherche. Selon que celle-ci sera humaniste, psychologique, médicale ou professionnelle, les éléments de réflexion, d'observation et d'analyse ne seront pas toujours les mêmes. Ils pourront se conjuguer dans les cas où les trois paramètres entreront en complémentarité dans la recherche. Et de toute façon ces éléments seront totalement autres que ceux utilisés lors d'une approche prédictionnelle traditionnelle ou purement spirituelle.

Le thème est établi dans sa forme sous l'aspect d'une carte du ciel dont le graphisme est déterminé par les configurations célestes de l'instant précis de la naissance. Ces positions des planètes sont répertoriées en degré, jour après jour, par les éphémérides astronomiques.. Les écarts angulaires, entre deux planètes marquent les aspects, tandis que l'heure et le lieu de la naissance permettent de calculer l'ascendant et le degré des maisons par la combinaison de la latitude et de la longitude du lieu de naissance avec la conversion de l'heure en temps local et en temps civil de Greenwich (méridien de référence). Toutes ces données sont mentionnées dans la Table des maisons..

A ce stade bien défini, qui est le stade conceptuel l'astrologue, nanti de tous les éléments précités, dispose de l'ossature de la grande structure personnelle de l'être. C'est un peu comme si on lui confiait le plan d'un orchestre symphonique comprenant tant de musiciens et tant de pupitres répartis ici et là ... et s'il lui fallait déterminer le type de musique qui conviendra le mieux à son style et pressentir ce que sera l'interprétation qu'il en donnera et comment il restituera la partition qui lui sera dévolue après l'avoir aiguillé vers le bon choix de celle-ci.

Que va donc être et comment va donc se faire l'interprétation d'un thème astral ?

Une fois la carte du ciel dressée, il faut, de façon précise, détacher la planète dominante. C'est elle qui sera la clef astrale de l'interprétation, qui donnera le ton de la partition céleste comme la clé sur la portée induit la tonalité d'une partition musicale. On dit aussi qu'elle constitue la signature astrale de l'individu. Cette dominante, qui, sera solaire, jupitérienne, saturnienne, lunaire, marsienne va se manifester à des degrés divers dans tous les domaines de l'existence. Elle définit la base du tempérament de l'individu.

Il faut toujours garder présent à l'esprit que l'astrologie humaniste, psychologique, consiste à aider autrui à prendre conscience de ce qui lui arrive ou de ce qui lui est arrivé depuis sa naissance, à en comprendre la signification et à en tirer les leçons pour sa propre évolution autant que pour éviter la récidive de certains évènements négatifs. Le but de cette astrologie est la connaissance totale, globale de l'être, de ses pulsions de base et de ses potentialités. Elle ne fait aucune place à l'annonce prédictive, «horoscopique», d'évènements négatifs ou positifs à telle heure et à tel endroit. Emprunter cette voie plutôt dangereuse serait ici une véritable dérive.

Il s'en suit, certes, que l'interprétation statique d'un thème reste restrictive. Toute l'histoire d'un individu est gravée dans les méandres de sa carte du ciel et seul un professionnel compétent pourra la mettre en lumière. Pour y parvenir, pour déterminer les échéances des évènements positifs ou négatifs, les tendances pathologiques de la santé tant physique que psychologique, sans pour autant poser des diagnostics ni faire de la divination, il faut avoir recours à des méthodes d'investigation qui actualiseront l'expression d'un potentiel natal. Ces méthodes feront référence essentiellement aux directions et aux transits.

- Les DIRECTIONS : C'est avant tout un système fondé sur les correspondances analogiques entre la rotation de la Terre (un tour par jour) et le mouvement du Soleil (un tour par an). Il n'est pas possible de s'étendre ici sur la méthode et le processus de recherche car ils mettent en jeu divers calculs qu'il serait trop long de décortiquer dans ce propos qui n'entre pas dans la technique porprement dite. Le but de cette recherche est de faire ressortir les périodes importantes de prise de conscience de la personnalité.

- Les TRANSITS : Ils concernent le passage zodiacal actuel d'un astre du système solaire sur une planète natale, l'ascendant ou le milieu du ciel. Un pronostic s'établit instantanément et vaut pour tout le temps que dure le transit. Celui-ci sera rapide pour la Lune, mais particulièrement lent pour Uranus (1 an à 18 mois), Pluton (2 à 3 ans) ou Neptune (1 à 2 ans). Plus la durée du transit est longue, plus l'effet engendré est remarquable. Cela permet de comprendre pourquoi les transits de Neptune Pluton et Uranus marquent de grands moments de l'évolution.

Jupiter et Saturne sont, quant à eux, à considérer dans des domaines particuliers de réflexion sur l'ego et le social.

Le Soleil, la Lune, Mars, Vénus et Mercure étant des planètes beaucoup plus rapides, leurs transits sont moins probants, mais ils restent intéressants pour dater des échanges commerciaux ou amoureux, ou encore des investigations sur la santé.

Les Directions et les Transits permettent de déterminer une dynamique de l'existence.

REVOLUTION SOLAIRE ET REVOLUTION LUNAIRE

La révolution solaire caractérise l'ambiance d'une année : celle qui part de l'anniversaire sur lequel on fait le calcul et qui s'achève à l'anniversaire suivant. La révolution lunaire caractérise seulement l'ambiance d'un mois.

Ce type d'étude indique les points forts et les points faibles de la période considérée, et exprime de façon limitée dans le temps les potentialités nouvelles qui s'offrent à l'individu. Par ailleurs, elle donne à l'être la capacité d'évoluer au travers de la connaissance des autres signes, dans la mesure même où l'ascendant change de signe chaque année.

Une méthode de calcul est établie afin que le soleil du jour de l'anniversaire sur lequel va être faite la révolution, soit au même degré que celui du jour de la naissance. Dès lors, une nouvelle carte se dresse avec des maisons zodiacales différentes. La juxtaposition de la révolution solaire avec le thème natal va indiquer les secteurs privilégiés ou perturbés pendant l'année considérée, la période de ces influx et surtout comment les aborder pour les négocier au mieux, comment faire jouer tous les atouts ou éviter tous les écueils.

La révolution s'avère très complémentaire des directions et des transits qu'elle précise.

A ce niveau, le thème astral est vivant, il existe dans la mouvance de l'évolution. Ne perdons pas de vue que chaque être humain n'a d'existence que parce qu'il est plongé dans la grande conscience collective. Un individu, quel qu'il soit, ne peut vivre et s'épanouir que parce qu'il appartient à une société, à un pays, à une famille, à une culture, à une spiritualité. Il doit suivre obligatoirement les cycles universels et par là s'établit nécessairement une relation de cause à effet : «l'homme fait partie de l'univers, mais l'univers façonne l'homme».

La personnalité se développe à partir d'un noyau fondamental, acquis à la naissance, autour duquel gravitent les contextes socio-cluturels, familiaux, religieux...

Stimulée par un esprit créatif et directif, elle se rajustera tout au long de la vie.

Le rôle de l'astrologue est de la guider sur cette voie. C'est lui qui donne la bonne mesure, le «temps» juste à la partition, tandis que le consultant devient son propre chef d'orchestre.

L'interprétaion reste donc un exercice périlleux qui devra toujours être réalisé sous réserve de l'évolution de l'individu dans un contexte collectif particulier et du jeu de son libre arbitre. Deux destins peuvent se révéler totalement différents, voire opposés avec une même partition astrale à la base. N'en prenons pour preuve qu'Hitler et Charlie Chaplin ...L'histoire se passe de commentaires.

CHAPITRE I

# Conclusion

Au terme de cette étude qui est loin d'être exhaustive, l'astrologie apparaît bien comme un outil de première importance pour la connaissance de l'être.

Elle permet non seulement d'appréhender et de cerner l'essence même de la personne, son tempérament et tout le potentiel qu'elle porte en elle, mais encore d'approfondir à l'infini le sens du destin. En cela, elle se révèle source permanente de découverte.

*«Ce qui doit arriver, arrive à l'heure dite,*
*Et nul ne peut changer le cours du temps».*
reconnaît Goethe. (Faust).

L'astrologie est là pour révéler le sens caché des évènements et la leçon à en tirer. On ne peut qu'accepter le destin dans sa finalité qui nous atteint de plein fouet : casser le «JE» inamovible dans lequel nous nous sclérosons généralement, et, par cette cassure même, nous ouvrir à la mouvance de la vie, nous faire agir selon sa loi. C'est là le prix de la réalisation pleine et entière à laquelle nous sommes tous appelés, c'est là le prix de notre transcendance.

Il faut savoir repérer les signes et les indices de toutes sortes semés sur notre route comme les cailloux blancs du Petit Poucet. Trop souvent nous passons à côté sans les voir, nous y sommes aveugles même si nos yeux de chair sont en bon état, et seul un évènement percutant, déstabilisant, voire traumatisant dans les cas extrêmes, parvient à nous ouvrir les yeux. Sans en arriver là, les signes et indices mis sur notre route pour nous permettre d'optimiser notre évolution et la réalisation de notre devenir, peuvent devenir plus perceptibles lors de la rétrogradation de Mercure et de Vénus. En fait, tout peut être signe, à condition qu'on veuille le voir et qu'on sache l'interpréter.

L'astrologie est là pour nous aider à le faire de façon à manoeuvrer au mieux le gouvernail de notre vie et à garder le bon cap sur le courant de notre destin.

Elle apparaît bien, en finalité, comme une véritable école d'humanisme parmi les plus puissantes et comme une science à part entière.

Laissons le mot de la fin à Albert EINSTEIN, dont l'autorité est incontestable : «L'astrologie est une science en soi, illuminatrice. J'ai beaucoup appris grâce à elle, et je lui dois beaucoup. Les connaissances géophysiques mettent en relief le pouvoir des étoiles et des planètes sur le destin terrestre.

A son tour, en un certain sens, l'astrologie le renforce. C'est pourquoi, c'est une espèce d'élixir de vie pour l'humanité».

# Bibliographie

André BARABAULT : *Traité pratique d'astrologie*

Dane RUDHYAR : *Astrologie de la personnalité*
*La pratique de l'astrologie*

Alexandre RUPERTI : *La roue de l'expérience individuelle*
*Les cycles du devenir*

Stephen ARROYO : *L'astrologie, la psychologie et les quatre éléments*

Liz GREENE : *Planètes extérieures et cycles collectifs*

Carl Gustav JUNG : *Psychologie de l'inconscient*
*Un mythe moderne*

Max HEINDEL, Augusta Foss HEINDEL : *Le message des astres*

Charles Raphael PAYEUR : *Astrologie sacrée, les signe et les planètes*

HADES : *Les mystères du zodiaque*

Joëlle de GRAVELAINE : *Connaissez-vous par votre signe astral*

Laurence GONZALES : *La prévision médicale par l'astrologie*

Louis DONNET : *Le zodiaque de la santé*

*Encyclopédie des symboles.*

# Tables des matières

Achevé d'imprimer le 20 août 1999
sur les presses de
l'Imprimerie 34,
à Toulouse

Dépôt légal du 3e trimestre 1999